'ना' कहना सीखें

रेनु सरन

डायमंड बुक्स

www.diamondbook.in

प्रकाशक : डायमंड पॉकेट बुक्स (प्रा.) लि.
X-30 ओखला इंडस्ट्रियल एरिया, फेज-II
नई दिल्ली-110020
फोन : 011-40712200
ई-मेल : wecare@diamondbooks.in
वेबसाइट : www.diamondbooks.in
संस्करण : 2026
मुद्रक : रेप्रो (इंडिया)

NA KAHNA SEEKHEN
By :Renu Saran

अनुक्रम

यह पुस्तक क्यों?

अगर आपको न कहनें में कठिनाई होती है तो फिर आपका अधिकतर समय दूसरों के ऐसे कार्यों को करने में खर्च होगा जिन्हें आप दिल से करना नहीं चाहते होंगे। यह सिलसिला लगातार जारी रहने पर व्यक्ति के भीतर झुंझलाहट और हताशा की भावना बढ़ती जाती है जिससे मित्रता और संबंधों में कड़वाहट आ सकती है। ना नहीं कहने की वजह से आपको लगने लगेगा कि न तो आपको अपने समय के ऊपर नियंत्रण है न ही अपनी जिन्दगी पर।

जब आप न कहते हुए हिचकते हैं तो ऐसी स्थिति बन जाती है कि चारों तरफ पानी फैलता जा रहा है और आप नल को बंद नहीं कर पा रहे हैं। जब आप किसी के अनुरोध का जवाब न के रूप में देना चाहते हैं, लेकिन न की जगह आपके मुंह से हां निकलता है तो आपके भीतर तनाव और क्षोभ का भाव बढ़ता जाता है। इस तरह आपकी सेहत पर भी विपरीत असर पड़ सकता है और सबसे पहले सिरदर्द के रूप में प्रतिक्रिया सामने आ सकती है। न कहने का मतलब है बहते हुए नल को बंद कर देना और बाहरी दबाव की धारा को रोक देना। इस तरह निर्णय लेने का अधिकार आपके अपने हाथ में ही रहता है और समय तथा जीवन पर आपका नियंत्रण बना रहता है। सीधे और खुलकर न कहने से आपका आत्मविश्वास भी झलकता है।

जो लोग न कहते हुए हिचकते हैं उनके मन में कई तरह की धारणाएं होती हैं। वे मानते हैं कि भले लोगों को फर्ज है दूसरों का काम करना, न कहने का मतलब स्वार्थी और रुखा होना है, दूसरे लोग ज्यादा अहमियत रखते हैं, इसीलिए मुझे न नहीं कहना चाहिए, अगर मैं न कहूंगा तो लोग आहत, नाराज या अपमानित हो जाएंगे और वे मुझे पसंद नहीं करेंगे। अगर आपके मन में भी ऐसी धारणाएं हैं तो उन्हें फौरन बदलने की जरूरत है नहीं तो आपका जीना दूभर हो सकता है।

अक्सर विचार के स्तर पर दो भ्रांतियों के चलते व्यक्ति न कहते हुए हिचकता है। पहली भ्रांति है- आपको लगता है कि किसी व्यक्ति के अनुरोध पर न कहकर आप उस व्यक्ति को तिरस्कृत कर रहे हैं। दूसरी भ्रांति है- आपको लगता है कि सामने वाले व्यक्ति के लिए न को स्वीकार कर पाना आसान नहीं होगा। जबकि हकीकत यह है कि अगर सही तरीके से ईमानदारी के साथ न कहा जाए तो लोग उसे खुशी-खुशी स्वीकार करते है। कई बार इस तरह न कहने में रिश्ते की गहराई बढ़ती है, चूंकि जब आप ईमानदारी बरतते हैं तो सामने वाला व्यक्ति भी अपनी भावनाओं को खुलकर व्यक्त करता है और भविष्य में भी वह बेहिचक आपसे मदद की मांग करता है।

पहली बार न कहना कठिन हो सकता है। फिर अभ्यास करते रहने से न कहने की आदत का विकास होता है। अलग-अलग परिस्थितियों में न कहने के लिए अलग-अलग तकनीक अपनाने की जरूरत होती है। इस पुस्तक में न कहने की कला की बारीकियों की पूरी जानकारी दी गई है और ऐसे अचूक उपाय बताए गए हैं जिन्हें अपने दैनिक जीवन में अपनाकर कोई भी व्यक्ति न कहने की कला में पारंगत बन सकता है और जीवन को खुशहाल बना सकता है।

●

भलाई वरदान है या अभिशाप?

जिस समय चारों तरफ संवाद कायम करते समय आक्रामकता दिखाई देती है और हिंसा का बोलबाला नजर आता है, वैसे समय में क्या यह अच्छी बात नहीं है कि समाज में भले लोग भी मौजूद हैं? क्या हमें अपने चारों तरफ शालीनता और प्रसन्नता के वातावरण की आवश्यकता नहीं है? वैसी स्थिति में कम भलाई करने की नसीहत देने का क्या मतलब हो सकता है?

आक्रामकता में वृद्धि होने का एक प्रमुख कारण यही है कि हम लोग जरूरत से ज्यादा भलाई में विश्वास करते हैं। हर बार जब हम आहत होते हैं,

कोई हमारे साथ बुरा बर्ताव कर आगे बढ़ जाता है, हम दूसरों को अपना फायदा उठाने देते हैं या दूसरों के सामने अपने सुख-चैन का त्याग कर देते हैं तो हम जरूरत से ज्यादा भले नजर आते हैं। जितनी बार हम दूसरों के दबाव को स्वीकार कर लेते हैं, शांति बनाए रखने के लिए और टकराव को टालने के लिए हम कुछ भी करने के लिए राजी हो जाते हैं, उतनी ही बार हम अपने भीतर नाराजगी और असंतोष की मात्रा को बढ़ाते जाते हैं जो बाद में विस्फोटक स्थिति में पहुंच जाते हैं।

जब हम अपने विचारों और अनुभूतियों को प्रभावशाली तरीके से व्यक्त कर पाने में असमर्थ होते हैं तो वैसी स्थिति में खामियाजा हमें ही भुगतना पड़ता है। अपने आंतरिक जगत को बाहरी जगत के सामने ठीक से पेश न कर पाने की क्षमता के कारण ही हमारी भलाई वरदान की जगह अभिशाप बन जाती है।

हम सभी जानते हैं कि अपने माहौल के आधार पर प्रत्येक व्यक्ति का आचरण निर्धारित होता है। लोगों को सिखाया जाता है कि सबका काम करते रहने से अच्छे आदमी की छवि बनती है। भलाई करने से भलाई मिलती है। हमें हमेशा दूसरों के काम आना चाहिए। इस तरह के अच्छे विचार गलत नहीं हैं और आप भले न बनें, इस तरह की नसीहत भी आपको नहीं दी जा रही है।

जरा नीचे के कुछ प्रसंगों पर गौर फरमाएं, ये प्रसंग आपको जाने-पहचाने लगेंगे:

नीरा चाय की प्याली लेकर सोफे पर आराम से बैठी ही थी तभी फोन की घंटी बजी।

"हलो नीरा, मैं रुचि बोल रही हूं। मुझे पता है अभी तुम फुरसत में हो चूंकि बच्चे स्कूल जा चुके हैं और पतिदेव दफ्तर। तुम घर में अकेली बैठी हो। इसीलिए मेरे दिमाग में एक शानदार आइडिया आया है। शहर में ज्वेलरी का सेल लगा है। तुम अपनी कार लेकर आ जाओ, तुम्हारे साथ ही चलूंगी। असल मैं अपनी कार लेकर आना चाहती थी मगर वह पुरानी है। मैं सोचती हूं तुम्हारी कार में चलना ठीक रहेगा। आधे घंटे में तुम पहुंच जाओ। ठीक है?"

"सुनो रुचि, मैं फिलहाल कुछ नहीं कर रही हूं मगर मुझे कुछ पढ़ना था और कुछ घर के काम..."

“ओह, छोड़ो पुरानी बातें। घर में घुसकर रहोगी तो दम घुटता रहेगा। घर से बाहर निकलोगी तो ताजगी का अहसास होगा। पढ़ने का काम तो कभी भी हो सकता है, मैं कुछ नहीं सुनना चाहती। तुम आ रही हो...।”

और न चाहते हुए भी नीरा ज्वेलरी की सेल में जाने के लिए विवश हो गई। उसने सीधे न क्यों नहीं कह दिया? यह तो कोई कठिन शब्द नहीं है। मगर नीरा के लिए न कहना माउंट एवरेस्ट की चढ़ाई करने से भी कठिन काम था।

इसी तरह इस प्रसंग पर गौर फरमाइए:

“रीतेश! अच्छा हुआ ऑफिस से निकलने से पहले तुम मिल गए। किसी को ऑफिस में देर तक रुकना होगा, एक जरूरी फैक्स आने वाला है। मेरे ख्याल से तुम्हें ठहर जाना चाहिए।”

“लेकिन सर, आज मेरी पत्नी का जन्मदिन है। मुझे घर जल्दी पहुंचना है।”

“क्यों जोरू के गुलाम की तरह बातें कर रहे हो? तुम्हारे लिए कैरियर ज्यादा जरूरी है या अपनी बीवी का जन्मदिन?”

“वह बहुत दुःखी हो जाएगी। मैं उसे निराश नहीं करना चाहता।”

“तुम कैसी बातें कर रहे हो रीतेश? तुम तो कभी ऐसे नहीं थे। मैं तो तुम्हें अपने काम के प्रति समर्पित होनहार नौजवान समझता रहा हूं और तुम्हें प्रमोशन देने के बारे में भी सोचता रहा हूं।”

“ठीक है सर, मैं अपनी पत्नी को फोन कर बता देता हूं कि मुझे घर पहुंचने में देर हो जाएगी।”

“यह हुई न बात, मैं जानता हूं तुम काबिल इंसान हो।”

रीतेश जब घर लौटेगा तो उसका सामना सुलगती हुई पत्नी से होगा।

यह प्रसंग देखिए:

“सूप बहुत ठंडा है। मुझे लगता है किसी से कहना चाहिए कि इसे गर्म करके ला दे।”

“पार्टी में इतने सारे लोग हैं। सिर्फ तम्हें ही सूप से परेशानी क्यों हो रही है?”

“लेकिन पापा...”

"कुछ तो मैनर तुम्हें सीखना चाहिए। लोग क्या सोचेंगे?"

"यह ठंडा है..."

"मेरी खातिर ऐसी हरकतें बंद करो।"

"ठीक है।"

उस व्यक्ति को ठंडा सूप और दबा हुआ गुस्सा एक साथ पीना होगा।

यह प्रसंग देखिए:

"जीनत, तुम कितनी खूबसूरत लग रही हो!"

"मामाजी, मैंने आपका लाया हुआ सूट ही पहना है।"

"आओ न, मेरी बांहों में समा जाओ।"

"लेकिन मामाजी, मैं आपकी भांजी हूं!"

"तुम जवान हो, खूबसूरत हो। जवानी एक बार ही मिलती है।"

"मगर..."

"किसी को कुछ पता नहीं चलेगा जीनत। आओ, वक्त बर्बाद मत करो।"

"जी मामाजी..."

इस तरह एक अवैध रिश्ते की शुरुआत होगी।

यह प्रसंग देखिए:

"लीना, मीटिंग के बाद मेरे कमरे में आ जाना।"

"लेकिन सर, मीटिंग के बाद तो मुझे अपने कमरे में जाकर सोना है।"

"तुम्हें मैं ऑफिशियल टूर पर अपने साथ क्यों लेकर आया हूं?"

"आप गलत समझ रहे हैं सर, मैं ऐसी-वैसी लड़की नहीं हूं।"

"तुम्हें नौकरी करनी है या नहीं?"

"जी सर, मैं आ जाउंगी।"

इस तरह एक मजबूर लड़की अपने बॉस के साथ रात गुजारने के लिए तैयार हो जाती है।

यह प्रसंग देखिए:

"स्वीटी, मैं सीमा बोल रही हूं।"

"सीमा, तुम डिनर के लिए आ रही हो न?"

"देखो स्वीटी, इसी बात के लिए मैंने तुम्हें फोन किया है। मेरी मम्मी की तबियत बिगड़ गई है और मैं अभी डिनर के लिए नहीं आ पा रही हूं। मुझे खेद है लेकिन तुम तो जानती ही हो..."

''ओह! ठीक है। मैंने पूरी तैयारी कर रखी है। लेकिन तुम भी मजबूर हो।''

''तुम बुरा तो नहीं मानोगी?''

''नहीं-नहीं कोई बात नहीं। मैं बुरा नहीं मानूंगी।''

''चलो अच्छी बात है। मैं फिर तुम्हें फोन करूंगी। बाई।''

झुंझलाई हुई स्वीटी गुस्से के साथ फोन रखेगी और कई घंटे तक ढेर सारा खाना बनाने के लिए अपने आपको कोसेगी।

यह प्रसंग देखिए:

''राजू, एक कश लगाकर देखो न!''

''नहीं मैं सिगरेट नहीं पीता।''

''कैसी बात करते हो? क्या तुम्हें मर्द नहीं बनना है:''

''नहीं, मुझे सिगरेट का धुआं पसंद नहीं।''

''हॉस्टल में आने वाले लड़के पहले ऐसा ही कहते हैं। पहले चखकर तो देखो।''

''कहीं वार्डन ने देख लिया...''

''वह सोया हुआ है। लो न...''

एक होनहार लड़का नशे के मार्ग पर पहला कदम रख देता है।

ये ऐसे चंद प्रसंग हैं जो हमें बताते हैं कि व्यक्ति भला बने रहने के लिए किस हद तक कुर्बानियां देता है और अपना ही नुकसान भी करता है।

ऐसे लोगों के भीतर जब घुटन का विस्फोट होता है तो वे खुद को ही आहत करते हैं और फिर अपने ही खोल में दुबक कर भले बन जाते हैं और ऐसा दिखावा करते हैं कि सब कुछ सामान्य ही है।

ऐसे लोग अपने पूर्वाग्रहों के कारण भले बने रहने में यकीन करते हैं। वे दूसरों को देने में यकीन करते हैं। दूसरे लोग उनसे जो भी चाहते हैं वे फौरन घुटने टेक देते हैं। वे अपने हितों के लिए विरोध करना नहीं जानते।

वे दूसरों को यह बताना नहीं जानते कि जबरन कोई काम करते हुए उन्हें कितनी परेशानी होती है या कितनी झुंझलाहट होती है या कितनी पीड़ा होती है। उन्हें डर रहता है कि ऐसा कहने पर दूसरों की भावनाओं को ठेस लग सकती है और दूसरे उनसे नाराज हो सकते हैं। उन्हें डर लगता है कि विरोध करने पर वे दोस्त को खो सकते हैं या परिवार में कड़वाहट बढ़ सकती है।

उन्हें डर सताता है कि सभी उनसे नाराज हो जाएंगे और परिस्थिति नियंत्रण से बाहर हो जाएगी। ऐसे भले लोगों पर परिणाम के डर का भूत हावी रहता है और इस तरह जीवन में उनकी भूमिका भी सीमित होकर रह जाती है। ऐसे लोगों का भला होना वास्तव में उनके लिए बड़ा अभिशाप बन जाता है।

जो लोग जरूरत से ज्यादा भले होते हैं वे न कहते हुए घबराते हैं। ऐसे लोग न कहना जानते ही नहीं। उनके मन में इस तरह की धारणा रहती है कि न कहना अनुचित हो सकता है, अपमानजनक हो सकता है, अमानवीय हो सकता है। इसीलिए वे इनकार करने से हिचकते हैं। जबकि सच्चाई यह है कि अपने भले स्वभाव को भी व्यक्ति चाहे तो एक कला के रूप में रूपांतरित कर सकता है और अपनी मर्जी से इनकार करना भी सीख सकता है।

जब व्यक्ति अपने व्यवहार में परिवर्तन करना सीख जाता है तो परिस्थितियों पर उसका नियंत्रण बढ़ जाता है। वह भावनाओं के वेग से मुक्त होकर निर्णय लेना सीख जाता है। अनियंत्रित भावनाएं ही व्यक्ति को असहाय और कमजोर बना देती हैं। इसके लिए जरूरी नहीं कि आप अपने व्यक्तित्व को पूरी तरह बदल डालें। आपके सामने जो विकल्प मौजूद हैं, उन्हें अच्छी तरह परखते हुए और नए विकल्पों का अन्वेषण करते हुए आप अपने व्यवहार में बदलाव ला सकते हैं।

भले लोग अक्सर अत्यंत शालीन, समझदार, सहानुभूतिशील और उदार होते हैं। वे जानते हैं कि दूसरों की मदद करना कितना महत्वपूर्ण है और इसीलिए सभी के प्रति वे सहानुभूति का बर्ताव करना जरूरी समझते हैं। वे लोगों का गर्मजोशी से स्वागत करते हैं और सबका काम करने में हिचकते नहीं हैं।

कम भला आदमी बनने का अर्थ यह नहीं है कि व्यक्ति उन उल्लेखनीय गुणों को छोड़ दे जिन गुणों से दुनिया को बेहतर बनाया जा सकता है। कम भला आदमी बनने का अर्थ है व्यक्ति अपनी भलाई की तरफ भी ध्यान दे, जो आज के युग में अत्यंत जरूरी है। ●

आरंभिक सूत्र

'आरंभिक सूत्र' आपके लिए एक कसौटी की तरह है जिससे आपकी अन्तर्दृष्टि और जागरुकता बढ़ेगी कि जरूरत से ज्यादा भला आदमी बनने से निजी तौर पर आपको कितना नुकसान पहुंचता है। आप देखेंगे कि इस समस्या की कठिनाइयां इतनी जटिल हैं कि आपको असहाय बनाने वाले तत्वों की पहचान करना किस कदर मुश्किल है। दूसरी तरफ, भला होना आपके लिए बहुत बड़ी समस्या नहीं भी हो सकती है लेकिन इससे कुछ छोटी-छोटी उलझनें जरूर पैदा हो सकती हैं, जिन्हें पूरी तरह नजरअंदाज नहीं किया जा सकता।

हालांकि आपमें से कुछ लोगों को महसूस हो सकता है कि यह अत्यंत उलझी हुई समस्या है, लेकिन वास्तव में यह उतनी उलझी हुई नहीं है। आपके व्यवहार के कुछ पहलू ऐसे होते हैं जो आपके हितों के प्रतिकूल होते हैं और इस बात को आप भी अच्छी तरह जानते हैं।

इस पुस्तक में इस मसले को आसानी से समझने का आधार मुहैया करवाया गया है और आपको अवसर मिला है अपने व्यवहार की पड़ताल आसानी से कर सकें:

- जिस तरीके से आप अपने भले होने का इजहार करते हैं।
- आपके ग्रहणशील व्यवहार के आरंभिक स्रोत।
- जिन अनुभूतियों ने आपको सीमित और संकीर्ण बना रखा है।

हम आपके व्यवहार के तमाम पहलुओं पर रोशनी डालेंगे, जिनके बारे में हो सकता है एक स्तर पर आप परिचित हों लेकिन जिन्हें समझ पाने में आपको दिक्कत हो रही हो।

इसके लिए हम आपको अधिक से अधिक अभ्यास करने के लिए प्रेरित करेंगे और सुझाव देंगे कि आगे के अध्यायों में दिए गए अभ्यासों और सवालों को पढ़कर पैदा होने वाली अनुभूतियों, विचारों और टिप्पणियों को एक डायरी में दर्ज करते जाएं।

इस पुस्तक में कोशिश की गई है कि आपके विचारों को नई गति प्रदान की जाए ताकि दूसरों के लिए जरूरत से अधिक भला बनने की स्थिति के संबंध में आपको नई सोच का पता चल सके।

मनुष्य के रूप में अपने परिवेश के आधार पर आप व्यवहार सीखते हैं और अगर जागरुकता के साथ प्रयास किया जाए तो सीखे गए व्यवहार में संशोधन किया जा सकता है। आप इस पुस्तक के विभिन्न अध्यायों से गुजरते हुए अपने विचारों और मान्यताओं को पैनापन प्रदान कर सकेंगे और अपने भले होने के गुण का विकास अभिशाप की जगह वरदान के रूप में कर सकेंगे।

●

क्या आप जरूरत से ज्यादा भले आदमी है?

आपको एक मशहूर गायक के कार्यक्रम को देखने के लिए टिकट मिला है लेकिन आज रात आपकी सास के जन्मदिन पर दावत भी है।

आप क्या करेंगे:

(अ) आप अपनी सास के जन्मदिन की दावत में शामिल होंगे, शो का जिक्र नहीं करेंगे मगर अंदर ही अंदर झुंझलाते भी रहेंगे?

(आ) आप अपनी सास को फोन कर झूठा बहाना बनाएंगे कि दफ्तर में आपको देर रात तक काम करना पड़ेगा?

(इ) आप अपनी सास को सीधे शब्दों में बता देंगे कि आपके पसंदीदा कलाकार का शो हो रहा है जिसमें जाने का आपने फैसला कर लिया है और अगले दिन आप अपनी सास के जन्मदिन की दावत खाना पसंद करेंगे?

आपके पड़ोस में रहने वाला आपका एक मित्र एक हफ्ते के लिए सपरिवार शहर से बाहर जाते समय आपसे अनुरोध करता है कि उसके पालतू कुत्ते की देखभाल करें। हालांकि आपको उसके कुत्ते से कोई चिढ़ नहीं है लेकिन आपको कुत्ते की सफाई करते रहने से चिढ़ है।

आप क्या करेंगे:

(अ) आप कहेंगे कि यह कोई परेशानी की बात नहीं है, कुत्ते को अपने घर में ले आएंगे और फर्श पर चारों तरफ अखबार बिछा देंगे?

(आ) आप कहेंगे कि हालांकि इसमें परेशानी की कोई बात नहीं है लेकिन हफ्ते भर तक मिस्त्री आपके घर की मरम्मत करने वाले हैं और ऐसी स्थिति में कुत्ते की देखभाल ठीक से नहीं हो पाएगी?

(इ) आप सच बता देंगे कि कुत्ते की साफ-सफाई पर ध्यान देने में आपको परेशानी हो सकती है और आप हफ्ते भर कुत्ते को अपने पास नहीं रख सकेंगे?

आप अपनी नवविवाहिता पत्नी के साथ बेडरूम में हैं और सहवास से पहले चुंबन, आलिंगन की रस्म निभा रहे हैं, आप पत्नी से अपेक्षा रखते हैं कि आपको उत्तेजित करने के लिए वह कुछ ऐसा करे कि आप बेताब हो उठें।

आप क्या करेंगे:

(अ) लेटे रहेंगे और पत्नी की मर्जी पर छोड़ देंगे?

(आ) आप स्वयं वैसी क्रिया इस उम्मीद से करेंगे कि आपकी पत्नी उस क्रिया का अनुकरण करेगी?

(इ) अपनी पत्नी को आप उस क्रिया के बारे में स्वयं बता देंगे?

आप कंप्यूटर के अच्छे जानकार हैं। अपने दफ्तर में आपने अपने कंप्यूटर पर किसी सहकर्मी का निजी काम कर दिया था। अब वह सहकर्मी बार-बार अपना काम लेकर आपके पास आ जाती है और इस तरह जहां आपका अपना

काम बीच में अटक जाता है वहीं छुट्टी के बाद भी आपको देर तक दफ्तर में ठहरना पड़ता है।

आप क्या करेंगे:

(अ) उसे देखकर मुस्कराएंगे और कहेंगे कि उसकी मदद करने में आपको कोई परेशानी नहीं है और उसका काम पूरा करने के लिए दफ्तर में छुट्टी के बाद दो घंटे तक रूके रहेंगे?

(आ) आप उससे कहेंगे कि कंप्यूटर में खराबी आ गई है और कई अधूरे कार्यों को पूरा नहीं कर पाने के कारण आपके लिए उसका काम कर पाना संभव नहीं होगा?

(इ) आप उससे साफ-साफ कह देंगे कि भले ही एक बार आपने उसकी मदद कर दी थी, लेकिन बार-बार उसका काम कर देना आपके लिए संभव नहीं होगा?

ऊपर लिखी गई परिस्थितियों में हमारी दुविधा यही होगी कि किस तरीके को आजमाना उचित रहेगा। अगर आप जानते हैं कि आप जरूरत से ज्यादा भले आदमी हैं तो आप शायद पहले और दूसरे समाधान को चुनना पसंद करेंगे और ऐसा करने के लिए काफी समय तक उधेड़बुन में रहेंगे। और आप यह भी कल्पना कर सकते हैं कि अगर आप मजबूत और हिम्मती होते तो जरूर तीसरे समाधान को चुनना पसंद करते। लेकिन यह भी सही नहीं है।

व्यवहार के मामले में कोई निर्धारित सही या गलत तरीका नहीं होता। ऐसा कोई फार्मूला या दिशा-निर्देश मौजूद नहीं है जिस पर आप हमेशा सभी परिस्थितियों में निर्भर कर सकते हैं। कोई भी समाधान आसमान से नहीं टपकता जिसके आधार पर आप तय कर सकें कि सही दिशा में आप कदम बढ़ा रहे हैं या नहीं।

आगे के अध्यायों में आपको इस बात की जानकारी मिलेगी कि व्यवहार संबंधी परिवर्तन लाने में आप किस तरह माहिर हो सकते हैं। ग्रहणशील प्राणी के रूप में आपके भीतर संभवत: इस बात को लेकर अत्यधिक अपेक्षाएं होंगी कि आपको अपनी जिंदगी किस तरह गुजारना ठीक रहेगा। आप आत्म-आलोचक भी हो सकते हैं जब आप पाएंगे कि दूसरों के साथ अपने व्यवहार और बातचीत के तरीके को बदल पाने में आपको सफलता नहीं मिल रही है। ऐसी स्थिति में आपको अपनी नाकामी का अहसास होने लगता है।

इस पुस्तक का उद्देश्य नहीं है कि ऐसी सोच को बल मिले जो नाकामी को बढ़ाए। सही तरीके का व्यवहार हमेशा सीधा होता है और गलत तरीके का व्यवहार हमेशा टेढ़ा-मेढ़ा और कमजोर होता है।

''यह पुस्तक आपको सही मार्ग नहीं मुहैया कराएगी, बल्कि दूसरा मार्ग कई अन्य विकल्पों के साथ दिखाएगी। यह चुनने का अधिकार हमेशा आपको होगा किसी परिस्थिति के लिए कौन सा तरीका अपनाना सटीक हो सकता है।

'भला' शब्द का प्रयोग जानबूझकर किया जा रहा है जो वैसे व्यवहार को परिभाषित करता है जिसके तहत लोग अपने सच्चे व्यक्तित्व, अपनी आकांक्षाओं और लक्ष्यों से दूर हो जाते हैं। लेकिन 'भलाई' से प्रेरित व्यवहार जरूरी नहीं कि गलत ही हो। इस पुस्तक में इस बात की चर्चा की गई है कि अपने हितों के लिए आप 'भलाई' से प्रेरित अपने व्यवहार का किस तरह इस्तेमाल कर सकते हैं।

भला होना गलत नहीं है। दूसरों के साथ बर्ताव करने का यह आदर्श तरीका हो सकता है चूंकि ऐसे व्यक्ति संवेदनशील, विचारवान, हमदर्द, समझदार और दूसरों की जरूरत को समझने वाले होते हैं, आपसी तालमेल, सहमति और खुशी के लिए भला होना अत्यंत महत्वपूर्ण गुण साबित हो सकता है।

लेकिन, जब आप जरूरत से ज्यादा भले बन जाते हैं, जरूरत से ज्यादा विचारवान, हर बात पर सहमत होने वाले बन जाते हैं तो समस्या पैदा होने लगती है। जब आप तय नहीं कर पाते कि आपका व्यवहार कैसा होना चाहिए और अलग तरह का व्यवहार करके भी आप भले बने रहे सकते हैं, तब समस्या पैदा होने लगती है। वैसी स्थिति में यह शब्द कमजोरी, अनकही हताशा, अवसाद और बेचैनी का प्रतीक बनकर रह जाता है।

जब शालीन, मर्यादित और विनम्र होना आवश्यक हो तब 'भला' व्यवहार उचित है। लेकिन जब आपके साथ छल किया जा रहा हो, शोषण किया जा रहा हो, फायदा उठाया जा रहा हो, तिरस्कार किया जा रहा हो या सीधे तौर पर गुमराह किया जा रहा हो तो वैसी स्थिति में साहसी और स्पष्टवादी होना ही उचित है। लेकिन, अगर आपको डर लगता है कि दूसरे लोग पसंद नहीं करेंगे या अपमानित महसूस करेंगे या नाराज हो जाएंगे, इसीलिए आप अपने हित के बारे में जरा भी नहीं सोचते, तो वैसी स्थिति में 'भला' व्यवहार निश्चित रूप से अभिशाप बन जाता है।

जो लोग जरूरत से ज्यादा भले होते हैं वे वैसे मामलों में सचमुच यही विश्वास रखते हैं कि उनके पास कोई दूसरा विकल्प नहीं है। वे सोचते हैं, "मैं ऐसा ही हूं और मैं अपने आपको बदल नहीं सकता।" वे बुरी तरह परेशान रहते हैं चूंकि अपनी परेशानियों से बचाव के लिए वे वैकल्पिक तरीकों को न तो अपनाते हैं न ही अपनाने का ख्याल उनके दिमाग में आता है।

कई बार हम लोग ऐसे काम करते हैं जो हमें नहीं करना चाहिए। सामाजिक प्राणी होने के नाते ऐसा करना जरूरी होता है। हमें विभिन्न समूहों के बीच जीना पड़ता है- परिवार, घर, कार्य स्थल, पड़ोस,, नगर, प्रांत, देश इत्यादि। और बेशक ऐसे भी अवसर भी आते हैं जब हम समाज के व्यापक हितों को ध्यान में रखते हुए अपनी इच्छाओं और जरूरतों को ताक पर रख देते हैं।

इसका अर्थ है किसी दिन देर तक आप अपने दफ्तर में ठहरकर पत्रों का जवाब लिखने में अपने अधिकारी की सहायता करने के लिए सहमत हो जाएं और उस दिन जल्दी घर पहुंचकर पत्नी के हाथ से बनी गर्म चाय पीने का मौका छोड़ दें, इसका अर्थ है कि किसी दिन अपने मोहल्ले के लोगों के साथ जुलूस में शामिल होकर आप बाढ़ पीड़ितों के लिए चंदा इकट्ठा करें, भले ही आपको इस तरह घूम-घूमकर लोगों से पैसा मांगना पसंद न हो।

आप किसी दिन पत्नी के साथ घर के परदे की खरीदारी करने के लिए जा सकते हैं और इसके लिए टीवी पर अपने प्रिय प्रोग्राम देखने का मोह छोड़ सकते हैं, आप किसी रविवार को घर में आराम फरमाने की जगह अपनी किसी बीमार रिश्तेदार का हालचाल पूछने के लिए जा सकते है।, किसी दिन अपने बेटे के स्कूल में आयोजित 'पेरेन्ट्स-टीचर्स मीट' में भाग लेने के लिए कार्यालय से आधे दिन की छुट्टी ले सकते हैं, किसी दिन सुबह की कसरत छोड़कर अपने किसी मित्र के दांपत्य जीवन के झगड़े को सुलझाने में मदद कर सकते हैं।

ये सारे काम ऐसे हैं जो ज्यादा मुश्किल नहीं है और भले ही आप महसूस करेंगे कि किसी और काम की जगह आपको दूसरे काम करने पड़ रहे हैं, लेकिन आपको यह जानकर संतोष होगा कि व्यापक हितों में आप छोटे त्याग कर रहे हैं, और इस तरह अपने परिवार, मित्र एवं समाज के साथ अपने रिश्ते को प्रगाढ़ बनाने में सफल हो रहे हैं। ऐसे कार्यों से पैदा होने वाली झुंझलाहट दूसरों की प्रसन्नता को देख कर दूर हो जाती है और आपको महसूस होता है

कि अच्छे कार्यों के खाते में आपने नए सिरे से योगदान किया है। इस तरह आपका आत्मविश्वास मजबूत होता है।

लेकिन, जब इस तरह के त्याग आपके दैनंदिन जीवन में अपवाद की जगह नियम का रूप ले लेते हैं तब संतुलन बिगड़ने लगता है और आपको लगने लगता है कि इस तरह के 'त्याग' से आपका निजी जीवन लड़खड़ाने लगा है, इस तरह अच्छाई रूपी बैंक में आपका खाता शून्य हो जाता है और उसमें क्षोभ और हताशा का भाव जमा होने लगता है, जिससे जल्द ही आत्मविश्वास घटने लगता है।

इसके अलावा, अगर आप जरूरत से ज्यादा भले होते हैं तो लोग भी आपको पसंद नहीं करते। वे आपको कमजोर मानते हैं। वे आपके अनिर्णय की स्थिति, आपके कमजोर मनोबल और अस्पष्ट विचार को देखकर आपको परेशान करने का कोई मौका हाथ से गंवाना नहीं चाहते। जब आप कहते हैं, ''आप जो भी कहेंगे वही ठीक रहेगा ''या'' मुझे कोई एतराज नहीं है'' तो कुछ लोगों को झुंझलाहट होगी चूंकि वे दूसरों से ऐसी निष्क्रिय प्रतिक्रिया की बिलकुल उम्मीद नहीं रखते।

आप कितने 'भले' आदमी हैं?

यह आपके लिए महत्वपूर्ण है कि आप स्वयं परिभाषित करें- आपका व्यवहार आपके लिए वरदान है या अभिशाप। 'भला व्यवहार' के व्यापक परिप्रेक्ष्य में स्वयं को रखते हुए तय करें कि आप कहां खड़े हैं। नीचे एक सूची दी गई है जो ग्रहणशील व्यवहार से संबंधित है। आप इस सूची को गौर से पढ़ें। इस तरह आप खुद की पहचान उन क्षेत्रों में कर सकेंगे जहां आपके लिए निर्णय लेना कठिन हो जाता है और ऐसे क्षेत्रों की भी पहचान आप कर सकेंगे जहां आप अपने आप को संतुलित महसूस करते हैं और निर्णय को नियंत्रित रखते हैं।

यह एक मौका है, जब आप आत्म-विश्लेषण कर सकते हैं कि किस हद तक आपको अपने स्वाभाविक बर्ताव में बदलाव लाने की जरूरत है और आप कुछ ऐसी अनुभूतियों की पहचान कर सकते हैं, जिनके साथ आपका सामना उस समय होता है, जब अपने व्यवहार में न चाहते हुए भी बदलाव लाने की कोशिश करते हैं।

हम जोर देकर नहीं कहना चाहेंगे कि सूची में शामिल व्यवहार सही या गलत की श्रेणी में आते हैं। सिर्फ आप जब तय करेंगे कि कोई व्यवहार आपके लिए नुकसान देह है तो वह गलत की श्रेणी में माना जा सकता है। उदाहरण के तौर पर किसी भी कीमत पर टकराव को टालना कुछ लोगों के लिए बिलकुल सही हो सकता है और इस तरह उन्हें कभी किसी परेशानी का सामना भी नहीं करना पड़ता। वहीं कुछ लोगों के लिए टकराव को टालने का अर्थ है कि वे कभी अपनी असहमति दर्ज नहीं कर पाएंगे, कभी अपने हित की बात नहीं कर पाएंगे, कभी एक टकराव के सफल निष्कर्ष तक पहुंचने का अनुभव प्राप्त नहीं कर पाएंगे- और बाद में उन्हें इस बात का मलाल होता रहेगा।

हम शीघ्रता के साथ अपने कार्यों पर राय जाहिर कर देते हैं- यह अच्छा है या वह बुरा है। अगर आप निजी तौर पर किसी बात की पहचान एक समस्या के रूप में करते हैं तो यह आपके लिए एक समस्या ही होती है। हो सकता है कि वही बात दूसरे के लिए समस्या न हो। इसीलिए, इस बात की घोषणा करना गलत होगा कि सभी तरह का 'भला' व्यवहार सही नहीं होता।

इस पुस्तक से आपको यह निर्धारित करने में सहायता मिलेगी कि आपकी कठिनाइयां क्या हैं और उन्हें दूर करने के लिए आप क्या कर सकते हैं। इसका अर्थ यह भी नहीं कि अपनी जिन्दगी को सही तरीके से गुजारने के लिए बिलकुल नए नियमों पर अमल करना शुरू कर दें।

नीचे आत्म-विश्लेषण से संबंधित सवाल दिए जा रहे हैं। प्रत्येक सवाल के सामने अंक लिखें: 'कभी नहीं' के लिए 1, कभी-कभी के लिए 2, अक्सर के लिए 3 और हमेशा के लिए 4।

क्या आप ऐसा करते हैं:

- जब आपकी कोई गलती न भी हो तो भी माफी मांगते हैं?
- जरूरी नहीं होने पर भी इजाजत मांगते हैं- उदाहरण के लिए, क्या मैं आपके लिए चाय बनाकर ले आऊं?
- किसी भी कीमत पर टकराव को टालते हैं?
- जब भी कुछ गलत होता है तो अपने आपको दोषी समझते हैं?
- इस बात की चिंता करते हैं कि दूसरे लोग क्या सोचेंगे, भले ही आप दूसरे लोगों को नहीं जानते हैं?

- किसी कार्य को नापसंद करने की वजह से उसे टालने के लिए झूठ बोलते हैं और फिर छिपाते हैं, झूठ पकड़े जाने की आशंका से ग्रस्त रहते हैं?
- आप चाहते हैं कि सभी आपको पसंद करें, भले ही आप सबको पसंद न करते हो?
- 'न' कहना आपको असंभव लगता है?
- महसूस करते हैं कि आपको दूसरों को खुश रखने के लिए सब कुछ करना चाहिए?
- दूसरों से अपेक्षा रखते हैं कि वे भी आपकी तरह उदार हों?
- जो दूसरे लोग चाहते हैं वही आप देते हैं?
- किसी दूसरे के बुरे या गलत व्यवहार के लिए माफी मांगते हैं??
- जब आप किसी से कुछ मांगते हैं तो ग्लानि महसूस करते हैं?
- बुरी खबर कहते समय या सुनते समय मुस्कराते हैं?
- जब लोग दुःखी होते हैं तो उन्हें खुश करना अपनी जवाबदेही समझते हैं?
- जब अपने दिल की बात आप कहते हैं तो आपको हिचकिचाहट महसूस होती है?
- लोग क्या सोच रहे हैं इस बात की कल्पना कर लेते हैं?
- दूसरों से अपेक्षा रखते हैं कि वे आपको सही समझने की जगह गलत समझेंगे?
- जब दूसरे झगड़ रहे होते हैं तो आप सुलह करवाने की कोशिश करते हैं?
- ऐसा मानते हैं कि लोग आपके दिल की बात सुनने में दिलचस्पी नहीं रखते?
- इस बात के डर से आकर्षण का केन्द्र बनने से बचते हैं कि कहीं आपको दिखावा करने वाला शख्स न मान लिया जाए?
- जब कोई आपके व्यवहार पर सवाल उठाता है तो आप उस व्यवहार के औचित्य को साबित करने की कोशिश करते हैं।
- आघात चुपचाप बर्दाश्त कर लेते हैं और दूसरों के सामने मन का भाव प्रदर्शित नहीं करते कि वे आपको किस कदर आहत कर रहे हैं?

- जिन्हें आप नियम समझते हैं उनका पालन नहीं करने पर टोकने की अपेक्षा रखते हैं?
- किसी प्रियजन का फोन आने पर झुंझलाहट महसूस करते हैं और बात करते हुए हिचकते हैं?
- दूसरे लोग आपसे कैसी उम्मीद रखते हैं उसी के आधार पर निर्णय लेते हैं?
- जिन परिस्थितियों से निबटने में आप असमर्थ हैं उनसे बचने की कोशिश करते हैं?
- जब आपके करीबी कुछ ऐसा करते हैं जो आपके विचार से दूसरों को बुरा लग सकता है तो आप माफी मांगते हैं?
- कमजोर किस्म के सवाल पूछते हैं जैसे: ''क्या मैं एक सवाल पूछ सकता हूं?'' या ''क्या यह ठीक रहेगा अगर...?''
- लोगों को ठीक से अपनी अनुभूतियों के बारे में बता नहीं पाते?
- जब कोई आम तौर पर आलोचना कर रहा होता है तो इसे अपनी व्यक्तिगत निन्दा समझ लेते हैं?
- ऐसी बातों के लिए सहमत हो जाते हैं जिन बातों की आपसे अपेक्षा रखी जाती है?
- दूसरों की बातों से इसलिए सहमत हो जाते हैं चूंकि आपको लगता है कि दूसरे आपकी हां ही सुनना चाहते हैं?
- गुस्सा आने पर भीतर ही भीतर उबलते रहने के बावजूद बाहरी तौर पर मुस्कराते रहते हैं?
- अपने जीवन साथी से सेक्स संबंधी अपनी जरूरतों के बारे में खुलकर बता नहीं पाते?
- छोटी-छोटी बातों पर नाराज हो जाते हैं मगर बड़े मुद्दों का जिक्र नहीं करते?
- अपने फायदे के लिए किसी से कुछ कहना गलत समझते हैं?
- ऐसी जगहों पर छुट्टियां बिताने चले जाते हैं जो आपको पसंद नहीं हैं मगर दूसरे लोगों को पसंद हैं?
- रुपए उधार दे देते हैं और वापस मांगने में आपको हिचकिचाहट महसूस होती हैं?
- ऐसे लोगों से आपकी दोस्ती है जो आपका नाजायज फायदा उठाते हैं?

- महसूस करते हैं कि निर्णय को बदलना उचित नहीं रहेगा?
- ढेर सारी सलाह आपको मिलती है जो इस वाक्य से शुरु होती है, "आपके करने के लिए सबसे बेहतर तरीका है...?"
- अपने करीबी दोस्त को यह बता नहीं पाते कि वे आपको परेशान कर रहे हैं?
- जब कोई कहता कि 'मुझे तुमसे कुछ कहना है' तो आप सुनने के लिए बेताब हो उठते हैं?
- कोई उचित बहाना ढूंढ नहीं पाने के कारण आपको न चाहते हुए भी किसी के साथ बाहर जाना पड़ता है?
- महसूस करते हैं कि आपको प्रत्येक व्यक्ति का जन्मदिन याद रखना चाहिए?
- जब आप किसी से कुछ मांगते हैं और लेते हैं तो ग्लानि महसूस करते हैं?
- गैर जरूरी बातों पर भी आप नाराज हो उठते हैं?
- घर में दूसरों के हिस्से का काम भी आप निपटा देते हैं?
- किसी से मांगी गई चीज समय पर नहीं लौटाने पर परेशान हो उठते हैं?
- जब आप दिल से तैयार नहीं होते तब भी सहमत हो जाते हैं?
- अपने वादों को लेकर परेशान रहते हैं?
- कम प्रतिरोध वाला मार्ग चुनना पसंद करते हैं क्योंकि टकराव से आप दूर ही रहना चाहते हैं?
- महसूस करते हैं कि आप बेहतर नहीं है?
- पदोन्नति के लिए प्रयास नहीं करते?
- विलंब से पहुंचने पर जरूरत से ज्यादा खेद प्रकट करते हैं?
- गाड़ी चलाते वक्त कल्पना करते हैं कि पिछले वाहन का चालक आपकी तरफ गौर कर रहा है?
- जब भी आप कोई सलाह देते हैं तो उसकी पुष्टि करना जरूरी समझते हैं- उदाहरण के तौर पर, "क्या यह आपके लिए ठीक रहेगा?"
- जब लोग आपको उपहार देते हैं तो आप कहते हैं, "आपको देने की क्या जरूरत थी?"

- आपसे देर तक काम करने के लिए कहा जाता है या दूसरों का काम भी आप ही करते हैं?
- किसी भी बैठक में आरंभिक वक्तव्य रखना आपके लिए कठिन होता है?
- सहकर्मियों और बॉस से कभी-कभार सराहना और अक्सर आलोचना सुननी पड़ती है?
- जब आपसे कोई कुछ करने के लिए कहता है तो आप कहते हैं, "आप जो भी कहेंगे वही मेरे लिए ठीक रहेगा?"
- मर्यादा के साथ प्रशंसा को स्वीकार नहीं कर पाते?
- लोग आपका शोषण करते हैं?
- वेतन में बढ़ोत्तरी की मांग करने की जगह आप इंतजार करना उचित समझते हैं?
- अपनी सेवा के बदले कम मेहनताना स्वीकार कर लेते हैं?
- दिनचर्या में बदलाव लाना आपको कठिन लगता है?
- महसूस करते हैं कि आपको हर उस पार्टी में जाना चाहिए जहां आपको आमंत्रित किया गया है?
- दूसरों को बुरा न लगे इसीलिए अप्रिय खाना भी खा लेते हैं?
- कोई दूसरा शोर मचा रहा हो तो उससे कुछ कहना उचित नहीं समझते?
- किसी भी बातचीत की तैयारी पर जरूरत से ज्यादा ध्यान देते हैं?
- कोई चीज खरीदने पर उसमें खराबी होने पर भी लौटाते हुए आपको संकोच होता है?
- आपको लगता है कि समारोह वगैरह में लोग आपको बोर समझते हैं?
- महसूस करते हैं कि आपको छुट्टी का दिन आराम से नहीं गुजारना चाहिए?
- ऐसे लोगों को भी अपना फोन नंबर दे देते हैं जिससे आप दोबारा मिलना नहीं चाहते?
- आपसे लोग कहते हैं कि आप जरूरत से ज्यादा संवेदनशील हैं?
- आप दूसरों के कुछ कहने से पहले अपनी कमजोरी की चर्चा शुरु कर देते हैं?

- इस बात के लिए अपराधबोध महसूस करते हैं कि आप अपने माता-पिता की तरफ और अधिक ध्यान नहीं दे पा रहे?

चलने लायक

अगर ज्यादातर सवालों के लिए आपका जवाब 1 और 2 (कभी नहीं या कभी-कभी) है तो आप किसी परिस्थिति विशेष में सटीक व्यवहार का निर्णय लेने में सक्षम होते हैं। कई बार आप ऐसे काम करते हैं, जो आप करना नहीं चाहते या मानसिक रूप से वैसे समय में अपने व्यवहार को बदलने के लिए तैयार हो जाते हैं, जब आप वैसा करना नहीं चाहते। लेकिन सामान्य तौर पर आपकी जिन्दगी संभवतः आपकी मर्जी से चलती रहती है।

आप नापसंद किए जाने की आशंका से ग्रस्त नहीं रहते क्योंकि आप जानते हैं कि सभी को संतुष्ट रख पाना असंभव होता है और इसीलिए दूसरों को खुश रखने के लिए आप अपने व्यवहार में परिवर्तन करना जरूरी नहीं समझते, आप संतुलित सोच रखते हैं, जिसका अर्थ है कि आपके बाहरी और भीतरी जगत में तालमेल रहता है। आप अपने विचारों और कार्यों में उस हद तक तब्दीली नहीं करते जिससे स्वयं आपको परेशानी हो।

यह पुस्तक आपको जीवन के उन असुविधाजनक पहलुओं को सुधारने में मदद करेगी जिन पहलुओं पर आप और ज्यादा नियंत्रण चाहते हैं, यह आपके सोच को नया धार प्रदान करने में भी मदद करेगी।

सीमा रेखा

अगर आपके ज्यादातर जवाब 2 और 3 (कभी-कभी या अक्सर) हैं तो इसका यही मतलब निकलता है कि आपके जीवन के कुछ पहलू ठीक-ठाक नहीं हैं और आप यह महसूस भी कर सकते हैं कि परिस्थितियों पर आपकी जगह किसी दूसरे का नियंत्रण है। भलाई की भावना आपके जीवन पर शासन नहीं कर रही है बल्कि आपके लिए परेशानियों का कारण बन चुकी है और आप ऐसे पहलुओं को नए सिरे से दुरुस्त करना जरूरी समझेंगे ताकि आपके व्यवहार आपके हितों के अनुकूल बन सके।

ऐसा भी लग सकता है कि जीवन विरोधाभासों से भरा हुआ है: एक समय खुद में मग्न रहने में आपको कोई परेशानी नहीं हो सकती है, जो भी आप चाहते हैं उसे पाना, यथा स्थिति से आगे बढ़ना और वैसा करते हुए आसानी

महसूस करना, और फिर वैसा समय भी आ सकता है जब कुछ भी करने के लिए अनिर्णय की स्थिति या आपकी अनुभूतियों को उजागर किए बिना क्रोधित होने से स्वयं को अत्यधिक असहाय महसूस कर सकते हैं।

चूंकि यह बात आप जानते हैं कि कई बार आप किसी परिस्थिति के निष्कर्ष को अपने अनुकूल बनाने में सफल होते हैं और कई बार आप स्वयं को इस कदर शक्तिहीन महसूस करते हैं कि कुछ भी बदल पाना आपके हाथ में नहीं रह जाता, इस तरह के विरोधाभास की वजह से ही आपकी उलझन भी बढ़ जाती है।

यह पुस्तक आपके उन विरोधाभासों को हल करने में मददगार बनेगी और इस तरह आपके जीवन में संतुलन की स्थिति पैदा हो सकेगी। इसकी मदद से जहां आप बेहतर तालमेल कायम करना सीख जाएंगे वहीं दूसरों की दया पर निर्भर रहने की जरूरत भी घट जाएगी। आपके दिमाग में एक आदर्श जीवन की तस्वीर पहले से ही मौजूद है, उसे साकार करने में यह पुस्तक मददगार की भूमिका निभाएगी।

गड़बड़ी का संकेत

अगर आपके ज्यादातर जवाब 3 और 4 (अक्सर और हमेशा) हैं, तब आप समझ सकते हैं कि यह आपके लिए कितनी गंभीर बात हो सकती है।

आप जानते हैं कि आप हमेशा खुद को झुका हुआ अनुभव करते हैं और ज्यादातर समय आपको हार माननी पड़ती है। आप 'न' कहना चाहते हैं लेकिन आपके मुंह से 'हां' निकलता है। आप किसी का भी दिल दुखाते हुए हिचकते हैं और दूसरे लोगों की मर्जी के अनुसार अपने व्यवहार में बदलाव लाते रहते हैं। आप संभवतः लोगों को संतुष्ट रखने में विश्वास करते हैं चूंकि आपको डर लगता है कि अगर आप लोगों को संतुष्ट नहीं रखेंगे तो आप पर मुसीबतों का पहाड़ टूट पड़ेगा। आप जिन्दगी का खेल अपने बनाए नियमों के आधार पर खेलते हैं। इतना ही नहीं, आप इस बात पर भी यकीन करते हैं कि इन नियमों पर दूसरे लोगों का नियंत्रण होता है।

आप ज्यादातर समय अस्थिर, अनिश्चित, चिंतित, हताश, परेशान और आशंकित बने रहते हैं, और फिर आप सोचते हैं कि आपको इस हालत में नहीं रहना चाहिए और यह दयनीय तथा शोचनीय स्थिति है जिससे आपको

बाहर निकलना होगा। अपने प्रति लगाव का भाव आपके मन में बिलकुल नहीं होता और आप कल्पना करते हैं कि दूसरे लोग आपके ऊपर तरस खा रहे हैं। असल में, आपका इस तरह सोचना गलत भी नहीं होता।

अपनी नियति को लेकर अफसोस के भाव को मिटाने में यह पुस्तक आपकी मदद कर सकती है। यह आपको बताएगी कि भावनाओं के वेग में बह जाने वाले आप अकेले शख्स नहीं हैं और यह आपको उन कठिन परिस्थितियों पर आपके नियंत्रण को मजबूत बबनाने में मदद करेगी जिनके जरिए आप बदलाव लाना चाहते हैं। आपका मामला पूरी तरह नाउम्मीद होने का मामला नहीं है। ऐसे कई लोग हैं जो इसी तरह सोचते हैं। आपको लंबे समय तक उपेक्षित बने रहने की जरूरत नहीं है।

आपकी अनुभूतियां कैसी थीं?

अपने व्यवहार का आकलन करना महज पहला चरण है और यह आपको अपनी समस्या को पहचानने में मदद कर सकता है। इस सफर में आपके व्यवहार के अलावा दूसरे महत्वपूर्ण पहलू भी जुड़े हुए हैं।

इस पुस्तक में उन अनुभूतियों की पड़ताल की गई है जब आप कुछ और काम करना चाहते हैं लेकिन आपको न चाहते हुए भी दूसरा काम करना पड़ता है। पुस्तक को पढ़ते हुए आप अपने आवेगों की पहचान करने में और जरूरी संशोधन करने में सफल हो सकेंगे।

लेकिन, शुरु-शुरु में हम इस बात की पड़ताल कर सकते हैं कि सवालों का जवाब देते समय आपके मन में किस तरह की अनुभूतियां पैदा हुई। क्या आपने किसी खास तरह की प्रतिक्रिया को महसूस किया? क्या परिवार, मित्र या कार्यस्थल से जुड़ी परिस्थितियों में आप सर्वाधिक लचीला रुख अपनाते हुए नजर आए? ऐसा कौन सा क्षेत्र है जिसमें आपको सबसे ज्यादा कठिनाई से होकर गुजरना पड़ता है?

क्या सवालों में कुछ ऐसा था जिससे आप चकित हुए। संभवत: कुछ क्षेत्रों में आप उतने 'भले' नहीं हैं जितना आप सोचते हैं और कुछ क्षेत्रों में अपनी धारणा से भी अधिक 'भले' है। अगर कोई दूसरा आपकी सूची को पढ़ ले तो आप कैसा महसूस करेंगे?

जब आप अपने जवाब के अंक जोड़ रहे थे तब आपने कैसा महसूस किया? क्या आपको कोई परेशानी महसूस हुई? क्या आपको किसी तरह की

शर्म महसूस हुई? क्या ऐसा महसूस हुआ कि आपकी तरह ही दूसरे लोगों की भी परेशानी हो सकती है? क्या आपको हिचकिचाहट हुई? किसी तरह की झुंझलाहट हुई? क्या आपकी एकाग्रता भंग हुई?

क्या आपने कहा, ''मैं यह सब जानता हूं, मगर और जानने की जरूरत नहीं'' या ऐसा कहा: ''मैंने पहले ऐसा कुछ नहीं किया और अब बार-बार करने का जी चाहता है।''

क्या आपने खुद से कहा, ''यह सब बकवास है और अगली बार से मैं खुद को और अधिक मजबूत बनाऊंगा' या आपने राहत की गहरी सांस लेते हुए सोचा कि आपको मदद मिल रही है?

आज के दौर में सहमत होना आसान नहीं। कई लोग लीक से हटकर कुछ अलग करना उचित नहीं समझते हैं। उन्हें लगता है कि ऐसा करना स्वार्थी होना है। स्वार्थी एक ऐसा शब्द है जिसका प्रयोग अक्सर लोगों के व्यवहार को सुधारने के लिए किया जाता है और यह कारगर साबत होता है। इस तरह की आम धारणा है कि स्वार्थी होना बुरी बात है और निःस्वार्थी होना अच्छी बात है।

बेचारे भले आदमी को कभी यह महसूस करने का मौका ही नहीं मिलता कि स्वार्थी होना क्या होता है या बदलाव के लिए अपनी जरूरतों की तरजीह देना कैसा होता है।

अपना दायरा आप खुद बनाते हैं

हरेक बार जब आप अपने व्यवहार में परिवर्तन करते हैं, जब आपको लगता है कि कोई विकल्प मौजूद नहीं है, आप स्वयं की अभिव्यक्ति को सीमित कर देते हैं, आपके कार्यों का दूसरे पर क्या प्रभाव पड़ रहा है, इस बात के प्रति निरंतर सतर्क न रहकर ही आप सामान्य बने रह सकते हैं।

अपने लिए दायरा बनाना गलत नहीं है। अगर आप ऐसा नहीं करेंगे तो एक अराजक किस्म के समाज में हमें रहना पड़ सकता है। तब स्वार्थी शब्द का असली अर्थ सचमुच आत्मकेन्द्रित और अपने फायदे में डूबे रहना बन जाएगा। चारों तरफ गैर-जिम्मेदार लोगों की तादाद नजर आने लगेगी। लेकिन, जिन आवेगों से आपका जीवन संचालित होता है, अगर उनमें असुरक्षा, शर्म, तिरस्कार और आलोचना का भय जुड़ा है, तो आपके पास मौजूद व्यवहारों की श्रृंखला अत्यंत संकीर्ण हो जाएगी। अगर आप पर भय

हावी रहता है तो आप दबे हुए रहेंगे और इस तरह आपका आत्म विश्वास कमजोर होता जाएगा।

जरा सोचिए: पिछली बार जब आपने अपने सामान्य व्यवहार से अलग हटकर कुछ करना चाहा था, उस समय आपके दिमाग में किस तरह के विचार आए थे? तब शायद आपके भीतर इस तरह का एकालाप चलता रहा होगा: "मैं संभवत: ऐसा नहीं कर पाऊंगा", "उन्हें यह पसंद नहीं आएगा", "इससे जरूर उसका अपमान होगा", "वह सचमुच नाराज हो जाएगा।"

जब इस तरह के खयालात उभरे होंगे तो वास्तव में जो करने की आपकी इच्छा उभरी होगी उसे आपने नियंत्रित कर दिया होगा। उदाहरण के तौर पर:

- "अगर मैं अपनी मां से कहूं कि रोज रात में मेरे लिए उसे फोन करना मुश्किल है तो वह दु:खी हो जाएगी और मैं कभी अपनी मां को दु:खी नहीं कर सकता।"
- "अगर मैं अपनी प्रेमिका से कहूं कि लंबे बालों में वह ज्यादा खूबसूरत लगती है, तो वह फिर कभी भी मुझसे बात नहीं करेगी।"
- "अगर मैं अपने बॉस से कहूंगा कि अभी तक पिछले महीने की रिपोर्ट मैं तैयार नहीं कर पाया हूं तो वह मुझे अयोग्य समझने लगेंगे और कभी कोई महत्वपूर्ण दायित्व मुझे नहीं सौंपेंगे।"
- "अगर मैं तश्तरी में रखी आखिरी मिठाई भी खा लूंगा तो लोग मुझे भुक्खड़ समझेंगे।"
- "अगर मैं उन्हें बता दूंगा कि शुक्रवार को उनके साथ देखी गई फिल्म बकवास थी तो वे समझेंगे कि मुझे फिल्म देखने की कोई तमीज नहीं है और वे मुझसे नाता नहीं रखेंगे।"

इन सभी "अगर मैं...." वाली परिस्थितियों में दो बातें अहम नजर आती हैं; पहली, यह परिणाम का डर होता है जो हमें खुलकर कुछ करने या बोलने से रोकता है; दूसरी, हम हमेशा बुरे पहलू के बारे में ज्यादा सोचते हैं।

हम शायद ही कभी ऐसा सोचते हैं, "अगर मैं अपने बॉस से कहूंगा कि अभी तक पिछले महीने की रिपोर्ट मैं तैयार नहीं कर पाया हूं तो शायद वह किसी को मेरी मदद करने का निर्देश देंगे", या "अगर मैं अपने बॉस से कहूंगा कि अभी तक पिछले महीने की रिपोर्ट मैं तैयार नहीं कर पाया हूं तो वह

समस्या को समझेंगे और समाधान बताएंगे।'' हम अपने इर्द-गिर्द दायरा तैयार कर लेते हैं जो अमूमन बहुत छोटा होता है। इस दायरे में ढेर सारे नियम-कायदे होते हैं, क्या-क्या होना चाहिए, क्या-क्या जरूरी है।

यदि आप अपनी खातिर जरूरत से ज्यादा भले हैं तो क्यों

अकेलापन और आपका व्यवहार

ज्यादातर लोग जब अकेले होते हैं तो उनका सच्चा व्यवहार उजागर होता है। वे तब जानते हैं कि न तो कोई उन्हें देख रहा है न ही अपनी राय बना रहा है, इसीलिए वे अपने व्यवहार में किसी तरह का बदलाव लाने की कोशिश नहीं करते। वे नहाते हुए गाना गाते हैं, टीवी पर क्रिकेट मैच देखते हुए मेज पर पांव पसारकर रख देते हैं, खाते समय उंगलियां चाटते हैं, अपने कपड़ों को बेतरतीब अंदाज में कमरे में फैला देते हैं और इसी तरह की हरकतें करते हैं।

लेकिन इस परिदृश्य में जैसे ही किसी दूसरे व्यक्ति का प्रवेश होता है, आप स्वाभाविक रूप से अपना व्यवहार बदल लेते हैं। कुछ बदलाव तर्कसंगत और उपयोगी होते हैं। उदाहरण के लिए, सार्वजनिक रूप से नाक में उंगली घुसेड़ना गलत समझा जाता है। लेकिन जब आप अकेले होते हैं तो धड़ल्ले से ऐसा करते हैं। कम ही लोग ऐसे होते हैं जो किसी दूसरे की उपस्थिति में ऐसा करते हों। इसे ही सामाजिक व्यवहार कहा जाता है और इस तरह के कायदे का होना गलत भी नहीं है, इसके तहत आपकी निजी आजादी पर चोट पहुंचाए बिना यथा स्थिति कायम रहती है।

लेकिन, अगर आप इस डर से अपने व्यवहार में तब्दीली लाते हैं कि लोग आप पर हंसेंगे या आपको गलत समझेंगे या बातें बनाएंगे तो इसका अर्थ होगा कि आप अपने बनाए कायदों पर अमल करने की कोशिश कर रहे हैं, जिन कायदों को दूसरे लोग नहीं मानते। दूसरे लोगों से उनके बारे में चर्चा नहीं की गई।

यहां एक उदाहरण दिया जा रहा है:

26 साल की रानी कॉल सेंटर में काम करती है और किराए के फ्लैट में

अकेली रहती है। वह एक जिंदादिल और खुशमिजाज युवती है। उसे आईने के सामने चेहरा बिगाड़ना अच्छा लगता है। वह अपने पसंद के गाने बजाकर नाचना पसंद करती है और अक्सर तेज आवाज में गाने सुनती है। वह खुद ही खाना बनाते समय नए-नए प्रयोग करती है और कई बार खुद उसे भी पता नहीं होता कि जो खाना वह बना रही है उसे ठीक से खाया जा सकेगा या नहीं। उसने एक बिल्ली पाल रखी है जिसका नाम मिनी है। मिनी के साथ वह देर तक बातें करती रह सकती है चूंकि रानी को लगता है कि मिनी उसकी हरेक बात को अच्छी तरह समझती है। रानी जब खाने के लिए बैठती है तो मिनी को अपने सामने मेज पर बिठाती है। रानी लड़कों की तरह जींस और शर्ट पहनना पसंद करती है। उसका प्रिय खिलौना टेडी बियर है जो बिस्तर पर रहता है। रानी को पर्यावरण से प्यार है और उसने धरती का एक पोस्टर अपनी दीवार पर लगा रखा है।

रानी की मुलाकात कॉल सेंटर में काम करते हुए रोहन से हुई। दोनों के बीच दोस्ती बढ़ती गई और एक दिन रानी ने रोहन को डिनर के लिए अपने फ्लैट में आमंत्रित किया। रोहन को खुश करने के लिए रानी ने काफी सावधानी के साथ खाना बनाया। रानी ने स्कर्ट और टॉप पहन ली। उसने टेडी बीयर और धरती के पोस्टर को छिपा दिया और मिनी को बेडरूम में बंद कर दिया।

रोहन जब राजनीति की बातें कर रहा था तो रानी मुस्कराती जा रही थी और उसकी हर बात पर सहमत हो रही थी। जब रोहन ने कहा कि किसी भी जानवर को फ्लैट के भीतर रखना अच्छी बात नहीं है क्योंकि जानवर बाहर की खुली दुनिया में ज्यादा खुश रह सकते हैं, तब रानी ने उसकी इस बात का भी समर्थन किया। जब रोहन ने कहा कि वह रानी को किसी दिन डिस्को बार में ले जाना चाहता है तो डिस्को बार को नापसंद करने वाली रानी ने फौरन हां कह दिया। जब रोहन ने उसकी पोशाक की तारीफ की तो रानी ने कहा कि पोशाक से व्यक्ति का अंदरुनी व्यक्तित्व प्रतिबिंबित होना चाहिए, इसीलिए वह हमेशा इस तरह की पोशाक पहनती है जिससे उसके भीतर की स्त्री प्रतिबिंबित हो सके।

जबकि रानी के दिल में यह सवाल उठ रहा था कि वह जिन बातों पर विश्वास नहीं करती, वही बातें उसके मुंह से निकल रही थी! क्या वह सचमुच रानी ही बोल रही थी? लेकिन रानी को एक बात पर पक्का यकीन था कि अगर वह रोहन से असहमत होगी, उससे कहेगी कि वह किसी भी सूरत में

अपनी बिल्ली को सड़क पर फेंक नहीं सकती, उसे स्कर्ट पहनना पसंद नहीं है और डिस्को बार जाना भी पसंद नहीं है तो रोहन उसे नापसंद करने लगेगा।

बिना किसी दबाव के, रानी ने मन ही मन पहले ही तय कर लिया था कि रोहन को खुश करने के लिए वह किस तरह का बर्ताव करेगी। उसने इस बात के लिए अपने नियम भी बना लिए कि कौन सी बातें रोहन को अच्छी लगेंगी और कौन सी बातें अच्छी नहीं लगेंगी और इस तरह उसने अपने असली व्यक्तित्व को छिपा देना जरूरी समझा। उसने एक बार भी यह नहीं सोचा कि वह जैसी है वैसी ही अच्छी है।

रानी की कहानी अन्य लोगों की तरह ही है जो असल जीवन में कुछ और होते हैं और दूसरों के साथ उनका व्यवहार कुछ और हो जाता है, चूंकि उन्हें लगता है कि दूसरे क्या सोचेंगे और कहीं नाराज तो नहीं हो जाएंगे।

व्यक्तित्व का विरोधाभासी पहलू

इसके अलावा ऐसे लोग भी होते हैं जिनका व्यक्तित्व परस्पर विरोधी होता है। कार्यस्थल पर उनका व्यक्तित्व कुछ और होता है और घर में कुछ और होता है। उनका दोनों तरह का व्यक्तित्व उनका असली व्यक्तित्व नहीं होता मगर दोनों स्थानों पर वे अपने व्यवहार को नियंत्रित करना नहीं जानते हैं।

यहां एक उदाहरण दिया जा रहा है:

घर में अधेड़ उम्र का महेन्द्र रौबीला और स्पष्टवादी शख्स नजर आता है। वह टीवी पर क्रिकेट मैच देखते हुए बता सकता है कि कौन सी टीम जीतने वाली है। वह सरकार की गलत नीतियों की धज्जियां उड़ा सकता है। वह टीवी पर समाचार सुनते समय गुस्से के साथ अपनी राय जाहिर करता है। अपनी दो संतानों के पालन-पोषण के बारे में उसके पास स्पष्ट योजना है और अपनी पत्नी के साथ वह संतान की परवरिश के तरीके के बारे में लंबी बहस करता है। मौका मिलने पर वह स्कूल के शिक्षकों को भी नसीहत देने से नहीं चूकता।

जब वह कार्यालय से घर लौटता है तो बुरी तरह थका हुआ होता है और छोटी-छोटी बातों पर अपना आपा खो बैठता है। इसीलिए उसके घर पहुंचने से पहले सभी सतर्क हो जाते हैं और इस बात का ख्याल रखते हैं कि किसी बात पर उसे गुस्सा न आ जाए।

कार्यस्थल पर पहुंचकर महेन्द्र पूरी तरह बदल जाता है। वह कभी जोर से कुछ नहीं कहता। जब भी किसी मसले पर उसकी राय मांगी जाती है तो वह टालने की कोशिश करता है। जब किसी बैठक में उससे कुछ कहने के लिए कहा जाता है तो वह पूरी तरह जांच-परख करने के बाद ऐसी बात कहने की कोशिश करता है जिससे उसके नियोक्ता को अच्छा लगे। उसके पास हमेशा करने के लिए क्षमता से अधिक काम रहता है, लेकिन काम का बोझ घटाने या मदद के लिए गुहार करने की जगह वह निर्धारित घंटों से अधिक समय तक काम करता रहता है। यही वजह से कि घर लौटते हुए वह बुरी तरह थका हुआ होता है और उसके पास अपने परिवार के लिए बिलकुल समय नहीं रहता।

महेन्द्र उन व्यक्तियों में से एक है जो जीवन के विरोधाभासों में फंसा हुआ है। इस विरोधाभास से उसे परेशानी होती है: वह जानता है कि वह अपने परिवार से प्यार करता है और वह अपने परिवार के सदस्यों को आहत नहीं करना चाहता, लेकिन जब वह कार्यालय से घर वापस लौटता है तो अपने ऊपर नियंत्रण नहीं रख पाता, वहीं कार्यालय में वह हमेशा सहमा हुआ और दबा हुआ रहता है।

जो लोग जरूरत से ज्यादा भले होते हैं उन्हें इस तरह के विरोधाभास पूर्ण व्यक्तित्व की वजह से काफी परेशानियों का सामना करना पड़ता है। कार्यस्थल पर महेन्द्र का डर उसे नौकरी को लेकर चिंतित बनाए रखता है, वहीं घर लौटकर वह गलत तरीके से अपने आपको चिंतामुक्त बनाने की कोशिश करता है, जिसके कारण परिवार वाले उससे डरे हुए रहते हैं।

कई बार ऐसा होता है कि व्यक्ति को अपनी अनुभूतियों को प्रकट करने का मौका नहीं मिलता, वैसी स्थिति में वह जीवन के दूसरे हिस्से में अपनी अनुभूतियों को गलत तरीके से प्रकट करने की कोशिश करता है। महेन्द्र के सहकर्मी अगर उसके परिवार में आकर देख लें कि वह किस तरह आक्रामक व्यवहार करता है तो वे दंग रह जाएंगे। इसी तरह उसके परिवार वाले दफ्तर में उसे भयभीत होकर कार्य करते हुए देख लेंगे तो चकित रह जाएंगे।

महेन्द्र को लगता है कि दो स्थानों में उसके व्यक्तित्व में जो परिवर्तन आ जाता है उसके लिए वह जवाबदेह नहीं है क्योंकि अपने व्यवहार पर उसका

नियंत्रण नहीं है। वह तर्क देता है कि उसे पता है कि उसका व्यवहार ठीक नहीं है। सिर्फ पता होने से ही महेन्द्र अपने बर्ताव में तब्दीली ला सकता है, ऐसा मुमकिन नजर नहीं आता।

● कृपया नाराज मत होइए

निधि, दुनिया के दूसरे लोगों की तरह कभी-कभी अपने इर्द-गिर्द के लोगों से परेशान हो उठती है। वह 50 वर्षीया शादीशुदा महिला है जो एक प्राइवेट फर्म में नौकरी करती है। निधि किसी को पता नहीं चलने देती कि अंदर से वह परेशान है। जिस व्यक्ति से उसे परेशानी होती है उससे वह भूलकर भी शिकायत करना जरूरी नहीं समझती।

निधि अपनी परेशानी का बोझ हल्का करने के लिए दूसरे लोगों को दिल की बात बताती है। अगर वह अपने पति से दु:खी हो जाती है तो अपनी सहेली को इसके बारे में बताती है। अगर वह अपने बॉस से दु:खी होती है तो अपने किसी सहकर्मी से इसके बारे में बताती है। अगर वह अपनी सास से दु:खी होती है तो अपने पति को इसके बारे में बताती है। उसके इर्द-गिर्द के लोग उसकी झुंझलाहट के श्रोता होते हैं मगर जिस व्यक्ति से वह दु:खी होती है उसे कभी उसके मन की बात पता नहीं चल पाती।

निधि को सबसे बड़ा डर यह सताता है कि अगर उसके किसी करीबी व्यक्ति को पता चल गया कि वह उससे दु:खी है तो वह आहत हो जाएगा या नाराज होकर उसे खरी-खोटी सुनाएगा। उसे लोगों के नाराज होने का डर तो है ही, साथ ही इस बात का भी डर है कि लोग अपनी आलोचना सुनना पसंद नहीं करेंगे। इसीलिए वह अपनी आहत भावनाएं चारों तरफ बांटती फिरती है, मगर कोई भी जान नहीं पाता कि वह भी उसकी परेशानी का वजह बना है।

उसकी सहेली सलाह देती है कि उसे अपने पति से बातचीत करनी चाहिए, लेकिन वह कहती है, ''मैं ऐसा नहीं कर सकती। वे दिन भर दफ्तर में काम करते हैं, घर लौटकर वे मेरी शिकायत सुनना नहीं पसंद करेंगे।'' उसके सहकर्मी उसे सलाह देते हैं कि उसे अपने बॉस से बात करनी चाहिए, लेकिन वह कहती है, ''मैं ऐसा नहीं कर सकती, उन्हें मेरी तरह दर्जनों लोग काम करने के लिए मिल जाएंगे। मैं नौकरी से हाथ धोना नहीं चाहती।''

और यह सिलसिला चलता रहता है। निधि को डर सताता है कि अगर वह किसी के सामने उसके व्यवहार की आलोचना करेगी तो वह उससे नाराज हो जाएगा। हम जानते हैं कि वह अपनी अनुभूतियों को प्रकट करना जानती है, क्योंकि हमेशा वह ऐसा करती रहती है, लेकिन सही व्यक्ति के सामने वह ऐसा नहीं कर पाती। और निधि की तरह ऐसे कई लोग हैं जो अपने मन की बातें कहने में माहिर हैं मगर वे उस व्यक्ति से आंख-से-आंख मिलाकर उसके किसी व्यवहार की शिकायत नहीं कर सकते जिस व्यवहार के चलते उन्हें परेशानी होती है, यह भ्रमित आवेगा का उदाहरण है जिसको कभी सुलझाया नहीं जा सकता है और व्यक्ति के भीतर घुटन बढ़ती चली जाती है।

मैं ऐसा ही हूं, मैं किसी को 'न' नहीं कह सकता

रवि गुपचुप तरीके से काम करना पसंद करता है। वह आकर्षण का केन्द्र बनने से बचता है। वह जब काम कर रहा होता है तो कोशिश करता है कि कोई भी उसकी तरफ न देखे।

अपने कार्य के कुछ पहलुओं में रवि का जवाब नहीं है- वह एक फर्म का क्षेत्रीय सेल्स मैनेजर है जहां अपने ग्राहकों और अपने कर्मचारियों के साथ उसका बर्ताव बहुत अच्छा है। वह शालीन, समझदार है, वह लोगों की समस्याएं असीम धैर्य के साथ सुन सकता है और अक्सर कारगर समाधान भी ढूंढ़ सकता है। लोग रवि को पसंद करते हैं, उन्हें लगता है कि वह बढ़िया आदमी है, वह आपके लिए कुछ भी कर सकता है।

लेकिन रवि कभी भी अपने नियोक्ता की उम्मीदों पर खरा नहीं साबित हो पाता। नियोक्ता और बड़े अधिकारी लोगों के साथ उसे आसानी से घुलते-मिलते देखते हैं, इसीलिए समझ नहीं पाते कि मीटिंग में वह बुत की तरह खामोश क्यों बैठा रहता है, वह क्यों अपने सुझाव नहीं देता, वह क्यों अपनी तरफ से कोई पहल नहीं करता। वे समझ नहीं पाते कि रवि अगर चुस्ती के साथ ग्राहकों की शिकायत दूर कर सकता है तो फिर वह अड़ियल सप्लायरों से व्यावसायिक सौदा क्यों नहीं निबटा पाता। और भले ही उसके कर्मचारी उसे काफी पसंद करते हैं मगर वह उन्हें अनुशासित क्यों नहीं रख पाता और क्यों उसके सेल्स के आंकड़े दूसरे मैनेजरों की तरह प्रभावशाली नहीं है। दूसरे

मैनेजर अपने ग्राहकों और कर्मचारियों के साथ उसकी तरह दोस्ताना व्यवहार नहीं करते।

उसके वरिष्ठ अधिकारी उसे पदोन्नति देने के बारे में सोचते हैं लेकिन उन्हें लगता है कि उसमें किसी अनिवार्य गुण की कमी है। वे उस गुण को संकल्प और आकांक्षा कहते हैं, मगर रवि जानता है कि उसके भीतर संकल्प और आकांक्षा की कमी नहीं है, सिर्फ वह 'न' कहना पसंद नहीं करता, वह बुरा आदमी नहीं बनना चाहता, वह लोगों को बुरी खबर देना नहीं चाहता। उसे यह सोचकर बुरा लगता है कि कहीं लोग उसकी बात का बुरा न मान जाएं।

वह यह समझने की कोशिश नहीं करता कि उसके कर्मचारी भले ही उसे पसंद करते हैं, मगर उसकी कमजोरी का नाजायज फायदा भी उठाते हैं, उसी तरह सप्लायर भी उसकी शराफत का फायदा उठाते हैं, चूंकि वे जानते हैं कि रवि कभी भी इनकार नहीं करेगा।

इस तरह की शराफत से जहां रवि के नियोक्ता जैसे लोगों को दुविधा हो सकती है वहीं रवि जैसे लोगों की दुविधा और भी ज्यादा बढ़ सकती है। रवि जैसे लोग खुद को आदर्श व्यक्ति बनाने के लिए सब कुछ करते हैं, उनके बॉस उनकी ऐसी खूबियों को पहचानते हैं और उन्हीं खूबियों से प्रभावित होकर उन्हें नौकरी पर रखते हैं। मगर बॉस उनसे 'रीढ़ की हड्डी' की भी उम्मीद रखते हैं जो रवि जैसे लोगों के पास नहीं होती।

रवि चाहता है कि सभी उसे पसंद करें, इसीलिए वह किसी को नाराज नहीं करता। वह इस बात को महसूस नहीं करता कि अपने कर्मचारियों और सप्लायरों के सामने अनुशासन की कुछ शर्तें और कार्य संबंधी दिशा निर्देश रख देने से ही वह उन्हें नाराज नहीं कर देगा। शायद इसका उल्टा ही होगा: 'वह कठोर है मगर सच्चा है'- दोनों पहलुओं में संतुलन रखने वाले लोगों के बारे में ऐसा ही कहा जाता है।

इस तरह के परिदृश्य में न कहने की कला अनुपस्थित ही नहीं होती, बल्कि संभावित विकल्पों में भी उसके लिए कोई जगह नहीं होती।

बाल सुलभ व्यवहार

राजू और लीना सफल युवा दंपत्ति हैं। लीना एक प्राइवेट स्कूल में शिक्षिका है जिसे शरारती बच्चों को नियंत्रित करने में कोई परेशानी नहीं होती।

वह बच्चों के बीच समय गुजारकर खुश रहती है। जब वह स्कूल से घर लौटती है तो बिलकुल थकी हुई नहीं होती बल्कि दिनभर के पढ़ाने के काम से उत्साह प्राप्त कर जोश में रहती है।

राजू सरकारी नौकरी करता है और आम धारणा के विपरीत उसे भी अपनी नौकरी नीरस या ऊब से भरपूर महसूस नहीं होती। वह जिस विभाग में काम करता है वह विभाग नई-नई योजनाएं बनाकर क्रियान्वित करता है। इस तरह की योजना की प्रक्रिया को राजू चुनौती के रूप में लेता है और वह भी ऊर्जा से भरपूर होकर घर लौटता है।

घर में राजू और लीना के बीच कई बार गर्मागर्म झड़पें होती हैं जो अधिक देर तक नहीं चलतीं। दोनों एक-दूसरे को अपने अनुभव के बारे में बताते हैं और अपनी उपलब्धियों के बारे में भी। उनका जोशीला अंदाज, युवा सुलभ उत्साह, जिंदादिली, कुछ अच्छे मित्र और नई चुनौतियों को स्वीकार करने का उनका संकल्प उन्हें व्यस्त रखता है।

ज्यादातर समय ऐसा ही होता है।

लेकिन जब माता-पिता का सवाल आता है तो ऐसा नहीं होता। दोनों ही एक खास तरह का जुड़ाव महसूस करते हैं। दोनों अपने-अपने माता-पिता को बहुत चाहते हैं। भावनात्मक रूप से दोनों अपने-अपने माता-पिता पर निर्भर करते हैं। दोनों के माता-पिता पास के ही दो कस्बों में रहते हैं।

होली-दीपावली आने पर राजू और लीना परेशान हो उठते हैं। दोनों के माता-पिता सोचते हैं कि उन्हें उत्सव के मौके पर उनके पास आना ही चाहिए। राजू और लीना के लिए कठिन हो जाता है कि एक उत्सव पर एक कस्बे में जाएं और दूसरे उत्सव पर दूसरे कस्बे में जाएं। उत्सव का समय करीब आते ही दोनों चिंतित हो जाते हैं। ये अपनी मर्जी से उत्सव नहीं मना सकते, चूंकि इस तरह उन्हें अपराधबोध का सामना करना पड़ सकता है।

सिर्फ उत्सव में ही ऐसा नहीं होता। दोनों के माता-पिता चाहते हैं कि रविवार के साप्ताहिक अवकाश के दिन दोनों को उनके पास जाना चाहिए। इस दुविधा को टालने के लिए राजू और लीना शनिवार को अपना-अपना फोन बंद करके रख देते हैं। दोनों रविवार के कार्यक्रम चुपके से बनाते हैं और अपने-अपने माता-पिता को व्यस्त होने की बात बता देते हैं।

राजू और लीना वैसे भले लोगों की श्रेणी में आते हैं जो बाल सुलभ व्यवहार करते हैं, दोनों सफल युवा हैं और नौकरीपेशा हैं, जो चुनौतियों का दृढ़ता के साथ सामना कर सकते हैं और जीवन को खुशहाली के साथ गुजार सकते हैं। लेकिन जब माता-पिता के साथ बर्ताव करने का वक्त आता है तो वे चार साल के बच्चे की तरह बन जाते हैं जिसे डर सताता हो कि अगर वह माता-पिता की बात नहीं मानेगा तो उसे दंडित किया जाएगा, डांटा जाएगा, निंदा की जाएगी या फटकार जाएगा।

कई लोगों के लिए प्रभावशाली तरीके से अपने माता-पिता या दोनों में से किसी एक के साथ सही तरीके से व्यवहार करना सबसे कठिन काम होता है। उन्हें लगता है कि वे ठीक से सामना नहीं कर सकते। बचपन में जिन अनुभूतियों से होकर वे गुजरते हैं, वयस्क होने पर भी वही अनुभूतियां उन पर हावी रहती हैं और माता-पिता के सामने वे बाल सुलभ व्यवहार करने लगते हैं। वे इस बात का विशेष रूप से ध्यान रखते हैं कि माता-पिता उनके व्यवहार पर कैसी प्रतिक्रिया व्यक्त करेंगे। कुछ मामलों में ऐसे लोगों का बर्ताव अपने माता-पिता की अपेक्षा के अनुरूप हो सकता है, लेकिन ज्यादातर मामलों में वे अपनी मान्यताओं के आधार पर बर्ताव करते हैं। वे इस कदर सहमे हुए रहते हैं कि कभी स्वतंत्र राय बनाने की कोशिश नहीं कर पाते। वे अपने माता-पिता की बात के विपरीत कुछ कहने की हिम्मत नहीं कर पाते।

ऐसे लोग एक किस्म की विध्वंसात्मक यथा स्थिति बहाल रखने की कोशिश करते हैं जिसकी वजह से वे दबे हुए-सहमे हुए बने रहते हैं। ऐसे लोग जो दैनंदिन जीवन में मजबूत संकल्प शक्ति का परिचय देते हैं, उनके लिए ऐसी स्थिति हताशाजनक हो सकती है। इसके अलावा, इस तरह के विरोधाभास की वजह से भ्रम और गुस्से का भाव पैदा होता है।

मेरी कोई अहमियत नहीं है

अत्यधिक भले लोगों में एक खास लक्षण यह होता है कि उनका आत्म विश्वास एवं स्वाभिमान कमजोर होता है। उन्हें लगता है कि कोई क्यों उनके जैसे अकिंचन व्यक्ति से दोस्ती करना चाहेगा। यही वजह है कि वे दूसरों के साथ जब भी नाता बनाते हैं तो खुद को महत्वहीन व्यक्ति मानकर बर्ताव करते हैं।

उन्हें लगता है कि दूसरे लोगों को संतुष्ट रखने के लिए और सबकी सराहना प्राप्त करने के लिए उन्हें हमेशा कुछ न कुछ करते रहना चाहिए। इस उदाहरण को देखिए:

मुकेश एक प्राइवेट कंपनी में ऊंचे पद पर काम करता है। हालांकि वह शीर्ष पर नहीं है लेकिन मध्यम क्रम की तुलना में ऊपर है। वह खुद नहीं जानता कि कैसे वह ऊंचे पद पर पहुंच गया चूंकि उसे अपनी योग्यता पर विश्वास नहीं है। उसे लगता है कि चूंकि वह जानता है कि दूसरे लोगों को किस चीज की जरूरत होती है और वह दूसरों को अपनी सेवा मुहैया कराता रहा है, इसीलिए शायद उसे ऊंचा पद मिल गया है। या फिर वह इस बात को अच्छी तरह जानता है कि कैसे दूसरे लोगों को यकीन दिलाया जाए कि बहुत कुछ करने की क्षमता रखता है।

जब उससे कहा जाता है (और अगर नहीं भी कहा जाता) तो वह अतिरिक्त काम की जिम्मेदारी अपने ऊपर ले लेता है। वह अपनी व्यस्त दिनचर्या में फेरबदल कर दूसरों के अनुरोध के आधार पर कार्य करता है और इस तरह उसे मित्रों और परिजनों की नाराजगी का सामना करना पड़ता है।

उसे पता है कि उसके इस स्वभाव की वजह से दूसरे लोग उसका नाजायज फायदा उठाते हैं और इस बात के लिए भीतर ही भीतर उसे झुंझलाहट भी महसूस होती है, लेकिन उसे डर लगा रहता है कि अगर वह दूसरों की बात नहीं मानेगा तो उसके सारे दोस्त उसका साथ छोड़ देंगे और अच्छी पगार वाली उसकी नौकरी भी उसके हाथ से छूट जाएगी। अगर वह किसी से न कहने के बारे में सोचता भी है तो उसे अपराधबोध महसूस होने लगता है। यह ऐसा शब्द है जो अत्यंत कठिनाई से उसके मुंह से निकल पाता है। उसे डर सताता रहता है कि कहीं लोग उसकी आलोचना न करें, चूंकि वह लोगों के सामने खुद को एक भले आदमी के रूप में पेश करने में विश्वास करता है ताकि लोगों पर अच्छा प्रभाव पड़ सके।

वह जानता है कि इससे अलग तरीके से भी बेहतर जिन्दगी गुजारी जा सकती है। समय-समय पर वह अपनी दोस्ती का आकलन करता है और यह सोचकर सहम जाता है कि अगर वह सबकी बात मानना छोड़ देगा तो उसके दोस्त उसका दामन छोड़ देंगे और दोस्तों से अलग होकर एकाकी जीवन की कल्पना करते ही वह घबरा जाता है।

यही वजह है कि वह आत्मविश्लेषण को टालने की कोशिश करता रहता है क्योंकि वह आशंकित रहता है कि अगर वह बने-बनाए ढर्रे को बदलने की कोशिश करेगा तो उसका जीवन कठिनाइयों से बुरी तरह घिर जाएगा।

एक बात चाहे उसे बार-बार कही जाए कि लोग उसके मूल व्यक्तित्व के कारण ही पसंद करते हैं, मगर वह इस बात को कबूल नहीं करना चाहता। उसके दोस्तों को उसका जिंदादिल स्वभाव अच्छा लगता है, उसका सकारात्मक रवैया अच्छा लगता है, समसामयिक विषयों का उसका ज्ञान अच्छा लगता है। उसके सहकर्मी उस पर भरोसा करते हैं कि वह अड़ियल किस्म के ग्राहकों से सफलतापूर्वक निबट सकता है, जो काम दूसरों के लिए आसान नहीं है।

मुकेश उन लोगों में से एक है जो अपने आपको स्पष्ट रूप से देख नहीं पाते। जिस तरह जादुई शीशे में कोई दुबला व्यक्ति मोटा दिखाई देता है उसी तरह इस तरह के लोग अपना बदला हुआ प्रतिबिंब ही देख पाते हैं। इस तरह के लोगों को दर्पण में एक नाउम्मीद, निरर्थक, प्रतिभाहीन व्यक्ति का प्रतिबिंब नजर आता है जिसका कोई अधिकार नहीं है या जिसे किसी चीज की जरूरत नहीं है। ऐसे लोगों को जो दूसरे लोग कहते हैं उसी बात को वे मानने के लिए तैयार हो जाते हैं।

शराफत के चश्मे से दुनिया को देखने वाले

जरूरत से ज्यादा भले व्यवहार से चिपके रहने का एक उल्लेखनीय पहलू यह है कि आप यह मानने के लिए आसानी से तैयार नहीं होते कि दुनिया में बहुत सारे लोग आपकी तरह व्यवहार नहीं करते। दूसरे शब्दों में, चूंकि आपको हमेशा दूसरों को तरजीह देना या दूसरों के साथ सतर्कता पूर्वक बर्ताव करना 'स्वाभाविक' और 'सही' लगता है, इसीलिए अपनी इस धारणा के विपरीत कोई भी तर्क सुनना या मानना आप पसंद नहीं करते। आपको यह जानकर झटका महसूस हो सकता है कि दूसरे लोग आपकी तरह बर्ताव नहीं करते। जबकि हकीकत यह है कि आपका जीवन विश्वासघात, छल और क्षोभ के चलते हताशा और उपेक्षा से सराबोर हो जाता है।

असलियत यह है कि कुछ लोग तय नहीं कर पाते कि सही शब्द क्या है और उनके मस्तिष्क में ऐसे शब्दों को लेकर अनिश्चितता बनी रहती है, कुछ लोग इस बात की बिलकुल परवाह नहीं करते कि दूसरे लोग उनके बारे में क्या सोचेंगे, कुछ लोग दूसरों को चोट पहुंचाने या परेशान करते वक्त दूसरों

की भावनाओं की परवाह नहीं करते। ऐसे लोगों की संख्या ज्यादा है जो बोलने से पहले ठीक से अपने विचार को संपादित नहीं करते, जो इस बात की परवाह नहीं करते कि दूसरे उनके विचारों और भावनाओं पर कैसी प्रतिक्रिया व्यक्त करेंगे, वे अपनी बातों के प्रभाव के बारे में सोचना जरूरी नहीं समझते, या अगर वे ऐसा करते भी हैं तो जैसा वे चाहते हैं, वैसा व्यक्त करते हुए हिचकते नहीं हैं। कुछ लोग अपना काम निकालने में माहिर होते हैं।

आप खुद अच्छी तरह जानते हैं कि ऐसा भी समय आता है जब आप दुनिया को शराफत के चश्मे से नहीं देख पाते। ऐसा भी समय होता है जब ज्यादा सोच-विचार नहीं करते न ही नतीजे की परवाह करते हैं। यहां महत्वपूर्ण यह है कि आप ऐसे समय की पहचान करें जब आप वैसा करते हैं और उसका आपके ऊपर कैसा प्रभाव पड़ता है।

जब भले लोगों को किसी की हरकत या कथन से चोट पहुंचती है, वे हमेशा ऐसा विश्वास नहीं करते कि जानबूझकर उन्हें चोट पहुंचाने की कोशिश की गई है। उनकी सोच के दायरे में इस तरह की धारणा का अस्तित्व होता ही नहीं है और इसीलिए वे आसानी से यकीन करने के लिए तैयार नहीं होते। दुनिया के प्रति संकीर्ण नजरिए के दायरे में रहने वाले भले लोग मानते है कि दूसरे लोग जरूर जानते होंगे कि उनका व्यवहार आहत करने वाला, निराश करने वाला, तिरस्कारपूर्ण और गलत है, और इसीलिए वे किसी मजबूरी के चलते पैसा बर्ताव कर रहे होंगे।

भले लोग सोचते हैं कि दुनिया के सभी लोगों को उनकी तरह ही सोचना चाहिए, उनकी तरह व्यवहार करना चाहिए, उनकी तरह महसूस करना चाहिए, उनकी तरह संवेदनशील होना चाहिए। इसीलिए जब बाकी दुनिया उस तरह दिखाई नहीं देती तो वे परेशान हो उठते हैं। वे अपना चश्मा उतारते नहीं, वे अपेक्षा रखते हैं कि दुनिया उनके अनुरूप ही बर्ताव करेगी और इस तरह खुद को नए सिरे से आहत होने के लिए तत्पर कर लेते हैं।

वैसे यह सच इतना सहज भी नहीं है। ऐसे लोगों की तादाद कम नहीं है जो आपकी तरह जरूरत से ज्यादा भलाई में यकीन नहीं करते, वे यह जानते भी नहीं कि आपको कोई समस्या हो सकती है, चूंकि वे दुनिया को अपने नजरिए से देखते हैं और यह नहीं समझ पाते कि जब उन्हें कुछ कहने में कठिनाई नहीं होती तो फिर दूसरे को कठिनाई कैसे हो सकती है। जब उन्हें

कोई समस्या नहीं है तो फिर दूसरे को समस्या कैसे हो सकती है। शायद उन्हें यह कल्पना करने में दिक्कत महसूस होती है कि जो उनका तरीका है उससे अलग भी कोई तरीका हो सकता है।

आपमें से कुछ लोगों के लिए और भी बदतर स्थितियां उत्पन्न हो सकती हैं जब इस तरह की परेशान करने वाली परिस्थितियां बार-बार सामने आती जाती हैं और आप सोचते हैं कि ऐसा जान-बूझकर हो रहा है, तब इस बात की पुष्टि हो जाती है कि आप कैसे भ्रामक जगत में जी रहे होते हैं। आप चोट खाते हुए इस नतीजे पर पहुंचने लगते हैं कि आपकी कोई अहमियत नहीं है।

हम जो कहना चाहते हैं उसे एक उदाहरण के जरिए समझा जा सकता है:

आशीष जिस बहुराष्ट्रीय कंपनी में काम करता है उसमें स्वास्थ्य एवं सुरक्षा समिति के आठ सदस्यों में उसका नाम भी शामिल है। वर्ष में दो बार कंपनी के दिशा निर्देशों के क्रियान्वयन के बारे में इस समिति की समीक्षा बैठक आयोजित होती है। ऐसी बैठक के बारे में आम राय है कि इसके सदस्य अपने खाली समय में ही इसे आयोजित करें।

लेकिन, आशीष और उसके दूसरे सहकर्मी काफी व्यस्त रहते हैं, इसीलिए सर्वसम्मति से कोई तारीख तय करना कठिन हो जाता है। जब बैठक की तारीख तय करने की जिम्मेदारी आशीष की होती है तो वह लगातार अन्य सदस्यों को फोन और ई-मेल संदेश के जरिए बताता रहता है कि उन्हें सुविधाजनक समय में बैठक में आना है। ऐसा करने के लिए उसे अतिरिक्त समय खर्च करना पड़ता है मगर वह चाहता है कि सभी उसकी तत्परता से प्रसन्न हों। इसीलिए सबकी मदद करने के लिए वह विशेष प्रयत्न करता है।

इस तरह का आयोजन बारी-बारी से किया जाता है, और जब आयोजन की जिम्मेदारी आशीष की नहीं होती तो कहानी ही अलग होती है। समिति के तीन सदस्य एक साथ बैठ जाते हैं, तय करते हैं कि उन्हें क्या निर्णय लेना है और फिर सभी को बैठक की तारीख की सूचना दे देते हैं और फिर बाकी सदस्यों को अपने तरीके से बैठक के लिए समय निकालना पड़ता है।

चूंकि, आशीष कभी भी इस तरीके से बैठक आयोजित करना नहीं चाहेगा, इसीलिए उसे यकीन नहीं होता कि दूसरे सदस्य इस तरह की हरकत

भी कर सकते हैं। उसे यह उचित नहीं लगता। वह अपने तरीके से ऐसी हरकत की वजह यही समझता है कि उसके सहकर्मी उसकी व्यस्त दिनचर्या के प्रति गंभीर नहीं है, इसका मतलब वे जरूर उसे महत्वहीन और बेकार आदमी समझते होंगे।

इस तरह की बैठक आयोजित करने का 'सही' तरीका क्या है? आशीष अपने तरीके को ही सही मानता है और जब उसके सहकर्मी अपने अंदाज में बैठक का आयोजन करते हैं तो वह अपने आपको उपेक्षित और महत्वहीन समझने लगता है, चूंकि उससे राय नहीं ली जाती है। दूसरी तरफ उसके सहकर्मी अपने तरीके को ही उचित समझते हैं। उनका मानना है कि किसी न किसी को तो फैसला लेना ही है और फिर सबको बता देना है। केवल तारीख तय करने के नाम पर ज्यादा वक्त जाया नहीं किया जा सकता। इससे फर्क नहीं पड़ता कि कौन सही है क्योंकि कोई भी तरीका सही नहीं होता।

यहां जो महत्वपूर्ण है, वह आशीष की अपनी धारणा है, जिसकी वजह से जहां उसके भीतर झुंझलाहट का भाव पैदा होता है, वहीं वह मानने लगता है कि दूसरों के लिए उसकी कोई अहमियत नहीं है। बाहरी जगत के बारे में इस तरह का तंग नजरिया आत्मविश्वास को नुकसान पहुंचाने का काम करता है।

जरूरी है विरोधाभासों की पहचान

जब आपके जीवन में ऐसे पहलू हों, जहां सब कुछ ठीक चल रहा हो और जिसे आप पसंद भी करते हों, तब विरोधाभास स्वाभाविक रूप से आपको अधिक दुविधा में डाल सकते हैं। "मैं क्यों काम करते समय बेहतरीन प्रदर्शन करता हूं लेकिन लोगों के सामने असहाय बन जाता हूं?" "मैं लोगों के साथ रिश्ते बनाने में कुशल हूं लेकिन माता-पिता के सामने मैं इस तरह दयनीय क्यों बन जाता हूं?" "मैं अपनी प्रेमिका के सामने किस कदर साहस से भरपूर बना रहता हूं लेकिन बॉस के सामने इतना कमजोर क्यों बन जाता हूं?"

ऐसा व्यक्ति मिलना कठिन है जिसे किसी विरोधाभास का सामना न करना पड़ा हो, जिसके जीवन के हरेक पहलू में संतुलन हो या बिलकुल असंतुलन हो। ऐसे भी लोग हैं जो महसूस करते हैं कि उनका पूरा जीवन निरर्थक ही गुजर गया, जबकि हकीकत इसके विपरीत भी हो सकती है। जब तक कोई बुरी तरह परेशान न हो और उसे गंभीर मानसिक दिक्कतें न हो, जीवन के सभी

पहलुओं में श्रेष्ठ हो पाना असंभव है, भले ही कोई ऐसा होने का दावा कर ले।

इस अध्याय में पेश किए गए आकलन के आधार पर आप विरोधाभासों की पहचान कर सकते हैं और समस्या को सही परिप्रेक्ष्य में देखने की कोशिश कर सकते हैं।

आपकी संवेदनशीलता कहां केन्द्रित हैं? आप अपने जीवन के किन पहलुओं के बारे में यह जानते हैं कि आप एक जैसी परिस्थितियों में पहले की तरह ही बर्ताव करते रहेंगे? जीवन के किन पहलुओं में आप बदलाव लाना चाहेंगे? ऐसा कौन सा पहलू है जिसे बदल पाना आपको नामुमकिन लगता है?

स्थायी बदलाव लाने के लिए पहला महत्वपूर्ण कदम है कि आप अपनी जागरुकता को बढ़ाएं। जितना ही आप इस बात को समझेंगे कि आप क्या करते हैं, किन परिस्थितियों में करते हैं और किन लोगों के साथ करते हैं, उतना ही आप अपने आपको बदलने की संभावना को मजबूत बना पाएंगे।

यह गौर करने की बात है कि जब आप कोई बर्ताव अपने आप करते हैं तो उसकी असलियत का पता चलने में घंटे, दिन या सप्ताह तक का अंतराल गुजर जाता है, ऐसी घड़ियों में अचानक आपके भीतर से प्रतिक्रिया निकलती है, जो आपके स्वभाव से इस कदर जुड़ी होती है कि आप समझ ही नहीं पाते कि आप वैसा कर रहे हैं।

आपकी पहली चुनौती यही है कि अपने अवचेतन के व्यवहार को कम से कम एक बार समझने का प्रयास करें और यह स्वीकार करें कि ऐसा होता है। आपके अभ्यास के लिए एक सामान्य सुझाव यह हो सकता है कि आप गौर करें, जरूरत नहीं होने पर भी आप कितनी बार 'आई एम सॉरी' कहते हैं।

अगला चरण उन पलों की तरफ गौर करना है, जब कोई काम अलग तरीके से करने की इच्छा आपके भीतर प्रबल होती है, लेकिन आप वैसा कर नहीं पाते। यही वे पल होते हैं, जब आपका दिमाग 'न' कह रहा होता है, और आपका मुंह 'हां' कह देता है। मुंह से शब्द का उच्चारण करते समय आप खुद को शक्तिहीन महसूस करते हैं।

इसके बाद उन पलों की शिनाखत करें, जब आप किसी से कुछ मांगते हैं और आपको वह चीज मिल भी जाती है, लेकिन किसी से कुछ मांगने की वजह

से आप खुद को स्वार्थी और अपराधबोध से ग्रस्त महसूस करने लगते हैं।

इसके अलावा वैसे पल होते हैं जब आप अपना आपा खो बैठते हैं (आंतरिक रूप से या बाहरी रूप से) और आपके मुंह से जो भी निकलता है, उस पर आपका नियंत्रण नहीं रहता। जागरुकता बढ़ाने के लिए महत्वपूर्ण है कि गुस्से की वजह का पता लगाया जाए और यह भी देखा जाए कि पिछले दिनों या सप्ताह में ऐसा क्या हुआ था जिसे आप ठीक से व्यक्त नहीं कर पाए और आपके भीतर झुंझलाहट का भाव जमा होता चला गया।

इस बिंदु पर यह आवश्यक नहीं है कि इसके संबंध में कुछ किया जाए: अपनी जागरुकता को बढ़ाना आपके लिए महत्वपूर्ण कदम होगा क्योंकि इस तरह आपके सामने स्पष्ट नजरिया तैयार हो पाएगा कि आप क्या करते हैं और कब करते हैं।

क्या मैं असंतुलित हूं?

जब आप समझ जाते हैं कि अपने व्यवहार की वजह से ही आपकी जिन्दगी एक दायरे में सिमट कर रह गई है, तो इसका अर्थ होता है कि जरूर कोई न कोई कमी है। यह हास्य बोध और निरंतरता की कमी भी हो सकती है। यह डर के साए में आपके जीने का अंदाज हो सकता है जिसकी वजह से आप सोच सकते हैं कि आपकी जिंदगी पटरी पर नहीं चल पा रही है। यह आपका दूसरों के लिए जीने का अंदाज हो सकती है जिसकी वजह से आप खुद के लिए बिलकुल समय बचा नहीं पाते।

अगर आपकी जिन्दगी इस तरह के दायरे में सिमटी हुई है तो आपके भीतर हताशा, खालीपन और नाउम्मीदी के अहसास बढ़ते जाएंगे।

तो फिर अच्छी तरह संतुलित होने का मतलब क्या है?

आप खुद को तभी पूरी तरह संतुलित मान सकते हैं, जब आपके अंदर का जगत–आपके विचार, अनुभूतियां, आकांक्षाएं, इच्छाएं और सपने– आपके बाहरी व्यवहार के साथ बेहतर तालमेल रखता हो। अगर अंदरुनी जगत और बाहरी जगत के बीच चौड़ी खाई नजर आ रही है तो संतुलन कायम होने का सवाल ही नहीं पैदा होता। अच्छी तरह संतुलित बनने का अर्थ है कि आपका बाहरी व्यवहार आपके अंदर की अनुभूतियों और आकांक्षाओं को अच्छी तरह प्रतिबिंबित करता हो।

कभी-कभी आप महसूस कर सकते हैं कि आपके भीतर आप एक किस्म का गुप्त जीवन गुजार रहे हैं, जबकि बाहरी जगत में आप भिन्न प्रकार का व्यवहार कर रहे हैं। आपका गोपनीय जगत उन वार्तालापों के जरिए निर्मित होता है जिनकी आप कल्पना करते हैं या जिस तरह के आदर्श व्यवहार की रूपरेखा आपके मन में होती है। यह आपकी शर्म, ग्लानि और अपराध बोध से निर्मित होता है। यह उन अनकहे आवेगों के जरिए निर्मित होता है जो अपमान, चोट, क्रोध, स्वार्थ, इच्छा और आकांक्षाओं से उत्पन्न होकर इकट्ठे होते रहते हैं।

प्रत्येक व्यक्ति का एक गोपनीय मन का संसार होता है, ऐसा होना एक स्वतंत्र व्यक्तित्व और अपने अस्तित्व की पहचान का महत्वपूर्ण हिस्सा होता है। लेकिन जरूरत से ज्यादा 'भले' लोगों में उनका असली व्यक्तित्व डर की वजह से अक्सर छिप जाता है। यह अंदरुनी व्यक्तित्व गिरगिट की तरह भी हो सकता है, जिसे आप आसपास के वातावरण में रंग सकते हैं, ताकि उसकी तरफ आपका ध्यान नहीं जा सके। ऐसा आप तब करते हैं जब आप दूसरों की मर्जी के अनुरुप अपने व्यक्तित्व को गढ़ने की कोशिश करते हैं, इस तरह आपके अंदरूनी जगत और बाहरी जगत के बीच कोई तालमेल नहीं रह जाता।

अपनी 'शराफत' की भावना को जब आप अपने डर और चिंता की दया पर नहीं छोड़कर खुद ही नियंत्रण में ले लेंगे तब आपके अंदरुनी और बाहरी जगत का फासला कम होता जाएगा और इस तरह आपका असली व्यक्तित्व उजागर होने लगेगा। ●

आप शराफत को साथ लेकर नहीं पैदा होते

आपकी चाहे जो भी उम्र हो, अब तक जीते हुए आपको अपना व्यवहार अपने वजूद का एक स्वाभाविक हिस्सा महसूस होता है, जिस तरह आपकी आंखों का रंगत है या हाथ-पैर के आकार हैं। यह कल्पना करना कठिन है कि अभी आप जैसे हैं उससे कभी आप भिन्न भी रहे होंगे।

जीवन जीते हुए हम अपने आपके और अपने व्यवहार के इस कदर आदी हो जाते हैं कि हम मानने लगते हैं कि हम हमेशा से ऐसे ही थे। हम सोचते हैं, "मैं ऐसा ही हूं।" भले ही हमें यह पसंद न हो, आत्मविश्लेषण की घड़ियों में हम सोचते हों कि हम अलग तरीके से व्यवहार कर पाते, लेकिन इसके

बावजूद हम यही सोचते हैं कि हमारे पास कोई चारा नहीं था। हम ऐसे ही हैं।

यह सच्चाई नहीं है। आप हमेशा जिस तरह रहे हैं, आप वैसे नहीं है। आप इस तरह बनते गए हैं। आप 'शराफत' को साथ लेकर पैदा नहीं हुए थे। जब आपका जन्म हुआ तब आप अच्छी तरह अपनी जरूरत को जानते थे, मुझे दूध पिलाओ, मेरे कपड़े बदलो, मुझे गोद में उठाओ, मुझे सोने दो। यानी जो आप चाहते थे, उसी बात को अच्छी तरह व्यक्त भी करते थे। कभी-कभी आप रोते थे, चूंकि अकारण ही आपको रोने की इच्छा होती थी।

किसी छोटे बच्चे की तरफ गौर से देखें। आपके अपने बच्चे हो सकते हैं, आपके परिवार में कोई बच्चा हो सकता है या आपके मित्र का कोई बच्चा हो सकता है, अगर आपने किसी बच्चे की दिनचर्या को गौर से नहीं देखा है तो टीवी और फिल्म में जरूर बच्चों को देखा होगा।

बच्चे शरीफ नहीं होते। उन्हें जब किसी चीज की जरूरत होती है तो वे रोते हैं। वे अपनी जरूरत के बारे में स्पष्ट रूप से जानते हैं। वे भले ही बोलना नहीं जानते, मगर वे अच्छी तरह जानते हैं कि उन्हें क्या चाहिए, और इसके बारे में संकेतों से बताने में वे जरा भी नहीं हिचकिचाते।

कुछ बच्चे ज्यादा रोते हैं और कुछ बच्चे कम रोते हैं। कुछ बच्चे चंचल स्वभाव के होते हैं और कुछ बच्चे शांत स्वभाव के होते हैं। सभी बच्चे जानते हैं कि उन्हें किस चीज की जरूरत है और वे माता-पिता को अपनी जरूरत के बारे में बताने के लिए अपना निजी तरीका अपनाते हैं। इसीलिए वे रोते हैं या मुस्कराते हैं या गुस्से से देखते हैं। वे दूध पीना चाहते हैं, गीले कपड़े को बदलना चाहते हैं, अकेले रहना चाहते हैं, खेलना चाहते हैं। वे जागे रहना चाहते हैं या सोना चाहते हैं वे दूसरों के साथ खेलना चाहते हैं या अकेले खुद में मग्न रहना चाहते हैं।

बच्चे अपने व्यवहार के परिणामों के बारे में नहीं सोचते। वे इस बात की बिलकुल परवाह नहीं करते कि उनके व्यवहार से किसी को परेशानी हो सकती है या कोई नाराज हो सकता है। वे दूसरे लोगों की प्रतिक्रिया को लेकर किसी तरह की चिंता नहीं करते, वे अपनी आलोचना या निंदा को लेकर आशंकित नहीं रहते। वे इस बात को न तो जानते हैं न ही परवाह करते हैं कि उनका व्यवहार उचित है या नहीं।

वे शोरगुल मचाते समय नतीजे के बारे में नहीं सोचते-ऐसा करना उन्हें अच्छा लगता है। वे इस तरह नहीं सोचते "क्या मुझे ऐसा करना चाहिए?" कहीं लोग मुझे नापसंद तो नहीं करेंगे?" छोटे बच्चे गर्भ से बाहर आने के बाद आत्मकेंद्रित बने रहते हैं। आप भी, किसी समय आत्मकेंद्रित ही थे। लेकिन क्या आप यह सीख पाए कि जब आपको कुछ पसंद नहीं आता तो न किस तरह कहना चाहिए।

लेकिन, अत्यावश्यक सामाजिकरण की प्रक्रिया के दौरान एक और प्रक्रिया चलती रही थी आप यह बात सीखते रहे थे कि आपके व्यवहार के कुछ हिस्से ऐसे हैं, जो स्वीकार योग्य नहीं हैं और अगर वे वैसे ही बने रहे तो इसका अर्थ है कि आप प्रेम, मान्यता, स्वीकृति आदि से वंचित हो जाएंगे।

इसी के साथ-साथ, शायद भले बनने के लिए आपकी सराहना हुई होगी, जब आपने अपना मुंह बंद रखा होगा, आदेशों का पालन किया होगा, लीक पर चलते रहे होंगे। आपने दूसरे लोगों की जरूरतों के प्रति अतिरिक्त संवेदशनशील होना सीखा होगा ताकि आप प्यार और स्वीकृति हासिल कर सकें।

"मैं ऐसा ही हूं" एक तरह से शक्तिहीनता को उजागर करने वाला कथन है जिसे अत्यधिक भले लोग महसूस करते हैं जबकि "यह मैं बना हूं" उस समझ को प्रतिबिंबित करता है कि किस तरीके से आपने खुद को बदला और इसीलिए अब आप इसके संबंध में कुछ करने की स्थिति में हैं।

इस अध्याय में यही चर्चा की जाएगी कि क्या हुआ था- आप इस तरह जरूरत से ज्यादा भले क्यों बन गए। इस तरह आप अपने वैयक्तिक इतिहास या ग्रहणशील व्यवहार की पड़ताल कर सकते हैं।

स्वाभाविक रूप से आपमें से प्रत्येक व्यक्ति भिन्न-भिन्न अंदाज में भले बने हैं और यही वजह है कि आप सभी अलग-अलग अंदाज में भले नजर आते हैं। इससे पहले आपसे इस बात का विश्लेषण करने के लिए कहा जा चुका है कि आप कितने भले हैं। ऐसा विश्लेषण इसलिए जरूरी है, ताकि आपको यह समझने में मदद मिले कि भले ही आपकी समस्या दूसरे कई लोगों की समस्या से मिलती-जुलती है, लेकिन आपका अपना स्वतंत्र वजूद भी है।

पालन-पोषण का सुनहरा जमाना

इस तरह का कोई जमाना नहीं होता, न ही पहले कभी ऐसा जमाना था और जिस तरह के माहौल में हम जी रहे हैं शायद कभी ऐसा जमाना नहीं आने वाला। पालन-पोषण का सुनहरा जमाना ऐसी कल्पना है जिसका अनुभव सामान्य तौर पर हमें नहीं होता।

इस अध्याय में अपर्याप्त एवं उपेक्षापूर्ण पालन-पोषण के निष्कर्षों पर विचार किया गया है। इसका उद्देश्य माता-पिता को दोषी ठहराने या उन्हें गलत साबित करने की कोशिश नहीं की गई है। न ही हम चाहते हैं कि अपने बचपन की घटनाओं को लेकर आप अफसोस करें।

हम उम्मीद करते हैं कि आप इस अवसर का फायदा उठाते हुए अपने वर्तमान व्यवहार के उद्गम स्थल की पहचान ठीक से करेंगे। आरोप लगाने से कोई फायदा नहीं होता, न ही खुद को दोषी मानना सही होता है, चूंकि ऐसा करने से आप और अधिक दुःखी हो सकते हैं। लेकिन जब आप जान जाएंगे कि आप इस तरह का व्यवहार क्यों करते हैं तो आप समस्या को सही परिप्रेक्ष्य में देख पाएंगे और तब उसके निदान के लिए आप कुछ कर पाएंगे।

ऐसा अपवाद स्वरूप ही होता है जब कोई माता-पिता अच्छे नहीं होते। लेकिन कुल मिलाकर बुरे माता-पिता की वजह से नहीं, बल्कि गलत तरीके से किए गए पालन-पोषण की वजह से जरूरत से ज्यादा भले लोग तैयार होते हैं। और हमेशा गलत तरीके से किया गया पालन-पोषण ही जिम्मेदार नहीं होता। हम ऐसे कई लोगों को अपने इर्द-गिर्द देखते हैं जिनके माता-पिता उनसे बहुत प्यार करते हैं और उनका काफी ख्याल रखते हैं। लेकिन कई बार उनका प्यार भरा व्यवहार इस कदर तर्कहीन, विवेकहीन और लापरवाह व्यवहार बन गया जिसका विपरीत प्रभाव बच्चों पर पड़ा।

पालन-पोषण करना हमेशा एक कठिन कार्य रहा है। इसकी जिम्मेद़ारियां अनगिनत होती हैं, काफी प्रयत्न करने होते हैं और काम कभी खत्म नहीं होता। माता-पिता को पालन-पोषण करते हुए काफी धैर्य से काम लेना पड़ता है। जबकि बच्चों की देखभाल किस तरह की जाए, इस बात का कोई प्रशिक्षण नहीं दिया जाता। ऐसी मान्यता है कि 'यह अपने आप हो

जाएगा' और इसी तरह की निरर्थक नसीहतें पहली बार गर्भवती होने वाली स्त्रियों को सुननी पड़ती है।

अगर आप कोई नौकरी कर रहे हैं और इसके बदले आपको वेतन मिल रहा है, तो जरूर आपने अपने कार्य से संबंधी कोई न कोई प्रशिक्षण लिया होगा। स्वयंसेवा करने वाले भी किसी न किसी तरह का प्रशिक्षण जरूरत प्राप्त करते हैं। अगर आप प्रशिक्षण नहीं भी लेते हैं तो आपका नियोक्ता आपके कार्य के बारे में स्पष्ट दिशा-निर्देश तो देता ही है। आपमें से कई ऐसे होंगे जो दूसरों को प्रशिक्षण देने का दायित्व भी निभाते होंगे।

जब किसी नई बीमारी का पता चलता है (जब एड्स की तरफ दुनिया का ध्यान पहली बार आकर्षित हुआ उस समय उच्च शिक्षा प्राप्त डाक्टरों, नर्सों और वैज्ञानिकों को किन कठिनाइयों का सामना करना पड़ा होगा, जरा सोचकर देखें), जब कोई नई मशीन या एक नया कंप्यूटर लगाया जाता है- क्या सारा तकनीकी ज्ञान आपके पास पहले से होता है? नहीं। ज्यादातर मामलों में जब किसी नई चीज की शुरुआत होती है और जिसका प्रचलन पहले नहीं होता, उसके लिए प्रशिक्षण हासिल करना जरूरी होता है।

लेकिन यही बात माता-पिता पर लागू नहीं होती। अधिकतर मामलों में कुछ सलाह डाक्टर देते हैं या रिश्तेदारों एवं मित्रों की नसीहत को ही मार्गदर्शन समझ लिया जाता है, आधुनिक समाज में जिस तरह एकल परिवारों का प्रचलन बढ़ रहा है, वैसे समय में परिवार के बुजुर्गों का सहयोग भी गुजरे जमाने की बात बनती जा रही हैं।

इस तरह माता-पिता ठीक से समझ ही नहीं पाते कि दुनिया में आने वाले नए मेहमान की देखभाल किस तरह की जाए। आधुनिक माताएं बाजार से 'पैरेन्टिंग' पर लिखी किताबों खरीद कर पढ़ती हैं, लेकिन जैसा कि हम जानते हैं इस तरह की ज्यादातर पुस्तकें विरोधाभासपूर्ण जानकारियों से भरी रहती हैं, उन्हें पढ़कर माताओं की दुविधा और भी अधिक बढ़ सकती है।

तब माता-पिता क्या करते हैं? वे अपने स्तर पर सर्वश्रेष्ठ कदम उठाने की कोशिश करते हैं। लेकिन उनका सर्वश्रेष्ठ तरीका हमेशा अच्छा ही नहीं होता और आप बालिग होने के बाद बचपन में सही मार्गदर्शन नहीं मिलने का खामियाजा भुगतते हैं।

असल में क्या होता है?

केवल माता-पिता बच्चों की देखभाल के मामले में अनाड़ी नहीं होते, बल्कि अधिकतर मामलों में बच्चे भी अराजक स्वभाव के होते हैं जिन्हें समाज का हिस्सा बनाने के लिए, सभ्य और बेहतर इंसान बनाने के लिए काफी मेहनत करने की जरूरत है। बच्चे जिद्दी, शरारती, चतुर और... धैर्य की परीक्षा लेने वाले होते हैं। वे अपने आप में डूबे रहते हैं और अपना काम निकालने के लिए अपने कौशल का इस्तेमाल करते हैं। वे यह बात अच्छी तरह जानते हैं कि माता-पिता का ध्यान किस तरह अपनी तरफ आकर्षित किया जा सकता है और किस तरह अपना काम निकाला जा सकता है। माता-पिता हमेशा उनकी बातों को मान नहीं सकते, चूंकि ऐसा करने में वे उच्छृंखल हो सकते हैं।

प्रत्येक समाज और परिवार में बच्चों को सभ्य और शिष्ट बनाने के अपने तरीके होते हैं और समाज के जिम्मेदार नागरिक बनने के लिए बच्चों को कुछ खास गुण सिखाए जाते हैं। इसका अर्थ है कि उन्हें संवाद स्थापित करने की जरूरतों, इच्छाओं और विचारों के स्वीकृत और मान्यताप्राप्त स्वरूपों का व्यवहार करना सिखाया जाता है, उन्हें व्यवहार के मान्यता प्राप्त स्वरूपों का ज्ञान दिया जाता है, जिन व्यवहारों को समाज मान्यता देता है और जिन्हें सीखकर ही समाज का हिस्सा बना जा सकता है।

आपको सिखाया जा सकता है कि डाइनिंग टेबल पर भोजन के वक्त किस तरह सलीके के साथ छुरी और कांटे का इस्तेमाल करना चाहिए, किस तरह शौचालय का इस्तेमाल करना चाहिए, किस तरह कपड़े पहनने चाहिए, किस तरह जूते के फीते को बांधना चाहिए। आपको शिष्टाचार सिखाए जाते हैं, जब बड़े बात कर रहे हों तो बीच में बच्चे को नहीं बोलना चाहिए, किस तरह लोगों को धन्यवाद कहना चाहिए था नमस्ते कहना चाहिए या चरण स्पर्श करना चाहिए, किसी की निंदा पीठ पीछे नहीं करनी चाहिए, बड़े-बुजुर्गों का आदर करना चाहिए, झूठ नहीं बोलना चाहिए, चोरी नहीं करनी चाहिए, लालच से बचना चाहिए वगैरह वगैरह। इसी तरह धार्मिक रीति-रिवाजों का प्रशिक्षण भी आपको दिया जाता है।

अगर एक सटीक स्तर तक बच्चे को यह सब बातें नहीं सिखाई जाती तो फिर बच्चों को ऐसा परिवेश मिलता है कि उनके लिए अराजकता को जारी

रखना आसान हो सकता है- कभी-कभी आपराधिक डगर पर चलते हुए वे समाज के लिए अवांछित तत्व बन सकते हैं। ठीक से प्रशिक्षण नहीं मिलने पर बच्चे बड़े हो जाने के बाद भी दुनिया को ठीक से समझ नहीं पाते और ठीक से बर्ताव नहीं कर पाते।

समस्या इसी बिंदु से उपजती है। वयस्कों की जिम्मेदारी है कि वे बच्चों को सभ्य बनाएं, लेकिन यह प्रक्रिया ही सही नहीं हो पाती। अपनी ग्रंथियों और हताशा के कारण माता-पिता बच्चों को डराते हैं, फटकारते हैं, गाली देते हैं, निंदा करते हैं, धमकाते हैं, चिल्लाते हैं, मजाक उड़ाते हैं, भावनात्मक शोषण करते हैं और कई तरह से मानसिक और शारीरिक रूप से सताते हैं ताकि वे उनकी मर्जी के अनुसार बर्ताव करना सीख सकें। इस तरह का थोपा गया बर्ताव बच्चों की गरिमा को आहत करता है और उसका स्वाभिमान तथा आत्मविश्वास कमजोर हो जाता है।

आप लोगों का सामना अक्सर किसी ऐसे बच्चे से हुआ होगा जिसके उद्दंडतापूर्ण व्यवहार को देखकर आपको गुस्सा आ गया होगा और उसे डपटने का जी चाहा होगा।

गलत तरीके से बच्चों को सिखाने का यही नतीजा होता है और फिर माता-पिता अपने बिगड़े हुए बच्चे को सुधारने का कोई उपाय ढूंढ़ नहीं पाते। अक्सर ऐसे माता-पिता को अपने बचपन में भी बुरे अनुभवों का सामना करना पड़ता है और वे अपने बच्चों के साथ भी उन्हीं अनुभवों को दोहराने की कोशिश करते हैं। वैसे कई माता-पिता ऐसी बात कहते हुए मिल जाएंगे कि बचपन में जैसा गलत व्यवहार उनके साथ हुआ, वैसा गलत व्यवहार वे अपने बच्चों के साथ हरगिज नहीं करेंगे। लेकिन जब तक वे अपने व्यवहार के प्रति जागरुक नहीं हो जाते और पालन-पोषण के सटीक गुर सीख नहीं पाते तब तक वे पुरानी आदत के अधीन बने रहेंगे या कुछ नए नियम तैयार कर लेंगे।

दूसरी तरफ, बच्चे जहां अराजक या उद्दंड होते हैं, वहीं वे खुशमिजाज, ईमानदार, रचनात्मक, ऊर्जावान, उत्सुक और खुशहाल स्वभाव के होते हैं। उनकी इच्छा शक्ति मजबूत होती है और अपने लक्ष्य के प्रति वे पूरी तरह समर्पित होते हैं। उनके जीवंत स्वभाव और खुशहाली को खत्म करने के लिए अधिक आघात की जरूरत नहीं होती, उनकी ऊर्जा और जिज्ञासा को समाप्त करने के लिए अधि क बुरे बर्ताव की जरूरत नहीं होती, चूंकि वे छोटे और नाजुक होते हैं।

इसी तरह माता-पिता जिस दिशा में बच्चे को ले जाना चाहते हैं, उसके लिए बहुत अधिक जोर लगाने की भी जरूरत नहीं होती। माता-पिता आपको धमकाते हैं, डराते हैं, तिरस्कृत करते हैं और आप आज्ञाकारी बच्चा बन जाते हैं।

आप अक्सर इस तरह का निर्णय लेते हैं, ''मैं ऐसा फिर नहीं करूंगा।'' इस बात की संभावना कम ही रहती है कि आप अपनी निर्धारित रेखा को लांघने की कोशिश करें चूंकि आपके मन में भय बना रहता है कि फिर आपको फटकार का सामना करना पड़ेगा। इस तरह के अनुशासन का सामान्य स्तर पर प्रयोग करने से बच्चों के भावनात्मक विकास को क्षति नहीं पहुंचेगी; बल्कि बच्चे इस तरह के दबाव से एक हद तक ही प्रभावित होंगे।

एक आदमी जब छोटा था तब उसके माता-पिता अक्सर एक ही बात को दोहराते रहते थे, ''मैं ऐसा हरगिज नहीं करता, अगर मैं तुम्हारी जगह होता," या "तुम कामयाब नहीं हो पाओगे।'' माता-पिता बच्चे से बहुत प्यार करते थे और वे ऐसा इसलिए कहते थे ताकि उनकी संतान को असफलता का सामना न करना पड़े। लेकिन जब वह बच्चा कोई भी नया काम करने की कोशिश करता तो उसके दिमाग में अपने माता-पिता की कही गई बात गूंजती रहती और उसका आत्मविश्वास डगमगाने लगता। जब वह बड़ा हो गया तो उसे हर काम में नाकामी मिलने लगी। चाहे नौकरी हो या रोजगार, दोस्ती हो या दूसरे रिश्ते हों, असफलता की डर की वजह से उसका दांपत्य जीवन भी प्रभावित होने लगा और उसके बच्चे भी प्रभावित होने लगे।

क्या उसके माता-पिता बुरे थे? नहीं- वे अज्ञान के कारण ऐसा कहते रहे थे।

बच्चों के साथ जिस तरह के बर्ताव किए जाते हैं, उनके उदाहरण दिए जा रहे हैं:

- ऐसे बच्चों की तादाद काफी है जिनकी रोज पिटाई की जाती है और जिन्हें घंटों कमरे में बंद करके रखा जाता है।
- एक गोद लिए गए बच्चे को धमकी दी जाती है कि अगर वह अपनी आदत में सुधार नहीं करेगा तो उसे वापस अनाथालय भेज दिया जाएगा।

- एक बच्ची से उसकी मां ने कहा कि अगर उसके पिता उसकी उद्दंडता की वजह से मर जाएंगे (जो दिल के मरीज हैं) तो उनकी मौत की जिम्मेदार वही होगी।
- एक बच्चे को माता-पिता दफ्तर जाते समय रस्सी से बांधकर जाते थे ताकि वह इधर-उधर घूमकर कोई शरारत न करे।
- कई बच्चों को शरारत करने पर धमकी दी जाती है कि उसे सड़क पर फेंक दिया जाएगा।
- कुछ परिवारों में माता-पिता किसी तीसरे व्यक्ति से बात करते हुए अपने बच्चे का मजाक उड़ाते रहते हैं।
- कई परिवारों में पिता की क्रोधपूर्ण निगाहों को देखते ही बच्चों की घिग्घी बंध जाती है।
- बच्चों को कई परिवारों में भूत-प्रेत, टोने-टोटके आदि से डराया जाता है।
- कई माता-पिता बच्चों को अनुचित दंड देने के बात अपने बर्ताव को सही ठहराते हुए कहते हैं, "हम तुम्हारी भलाई के लिए ही ऐसा कर रहे हैं।"

बच्चों को सभ्य और शिष्ट बनाना माता-पिता की इच्छा और जरूरत होती है। यह बच्चों की इच्छा और जरूरत नहीं होती।

इस तरह के बुरे बर्तावों की लंबी सूची बनाई जा सकती है, मगर इस समय आपको यह याद दिलाने की जरूरत है कि इसी तरह का कोई बर्ताव आपके साथ भी हुआ होगा, कोई न कोई तरीका आजमाकर आपके माता-पिता ने भी आपको सभ्य बनाने की कोशिश की होगी। आप किस रूप में अपने बचपन को याद करते हैं; क्या आपकी स्मृतियां स्पष्ट है या धुंधली हो चुकी हैं?

यह जरूरी नहीं है कि आपके साथ बचपन में अत्यंत क्रूर बर्ताव किया गया हो जिसका गहरा प्रभाव आपके भावनात्मक विकास पर पड़ा हो। अगर अयथार्थवादी अपेक्षाएं आपके ऊपर बचपन में थोप दी जाती है तो वयस्क होने पर कमजोर और अक्षम होने का असर बना ही रहता है। जरूरी नहीं कि आपकी पिटाई छड़ी से की गई हो या लगातार आपको फटकारा गया हो ताकि आप अपनी आदत को बदल सकें, केवल माता-पिता को असंतुष्ट न करने की इच्छा से भी आपको निराशा हुई होगी।

अगर बार-बार आपसे कहा जाए कि आप सुंदर नहीं हैं या खेलकूद में आप कभी सफल नहीं हो पाएंगे या आप आलसी हैं या आपकी नाक टेढ़ी है या आप बहुत ज्यादा सवाल पूछते हैं, तो आप पर विपरीत प्रभाव पड़ सकता है।

उदाहरण के तौर पर बचपन में बेसुरा गाने पर या खराब चित्र बनाने पर अगर आपका मजाक उड़ाया गया तो उसका गहरा प्रभाव आपके व्यक्तित्व पर बना रहता है। आप निर्णय ले सकते हैं कि फिर कभी गाना नहीं गाएंगे या चित्र नहीं बनाएंगे।

आपके जीवन में ऐसे पहलू होंगे जिनके प्रति अब आप संभवत: संवेदनशील महसूस करते होंगे। इस बात की पूरी संभावना है कि उन पहलुओं की जड़ आपके बचपन से जुड़ी होती है जब आपके साथ कुछ होता है या कहा गया होता है। ऐसे में आप किस तरह अपने व्यवहार के उद्गम स्थल की पहचान कर सकते हैं।

अगर आप पहचान नहीं कर सकते तो भी कोई बात नहीं। प्रत्येक व्यक्ति की याददाश्त भिन्न किस्म की होती है। कुछ लोग उन घटनाओं की भी याद रखते हैं जो एक साल की उम्र में उनके साथ घटी होती है, वहीं कुछ लोगों के मन में ऐसी घटनाओं का धुंधला आभास ही बचा रहता है, कुछ लोगों को कुछ भी याद नहीं रहता- उनका आरंभिक बचपन का समय उनके लिए शून्य की तरह होता है। आप जो भी याद कर सकते हैं, याद करने की कोशिश करें।

आप चाहें तो अपने भाई-बहन से पूछ सकते हैं, अपने रिश्तेदारों से पूछ सकते हैं, आपके बचपन के बारे में उनके पास कैसी स्मृतियां हैं, वैसे भाई-बहनों की स्मृतियां आपकी स्मृतियों से भिन्न भी हो सकती है।

अगर आप बचपन की कोई विशेष घटना याद नहीं कर सकते, फिर भी यह सामान्य तौर पर सच है कि लोगों को बचपन में अपमानित करने के लिए या चोट पहुंचाने के लिए माता-पिता की कही गई बातें लेते समय तक याद रहती है।

आपकी कोई मर्जी नहीं है

भले व्यवहार का एक और जटिल पहलू यह है कि कभी-कभी आपको पता नहीं होता कि आपको क्या चाहिए। आप अपनी अनुभूतियों और इच्छाओं

से इतने दूर हो जाते हैं कि अपनी इच्छा को समझ नहीं पाते, आप अपनी वास्तविक इच्छाओं से पूरी तरह कट जाते हैं। यह गलत तरीके से किए गए पालन–पोषण का नतीजा होता है जब आपकी मर्जी को नकार दिया जाता है।

इस उदाहरण को देखिए:

बस अड्डे पर एक परेशान मां अपनी पांच साल की बेटी के साथ खड़ी थी जो सुंदर फ्राक पहनी थी और उसके हाथ में बर्थडे गिफ्ट का एक पैकेट था। उसे मुंह से निकला, ''मैं निशिता की पार्टी में नहीं जाऊंगी। मुझे निशिता पसंद नहीं है।''

''नहीं, ऐसा मत करो। तुम्हें निशिता पसंद है। वह तुम्हारी सबसे अच्छी सहेली है। मैं कुछ और सुनना नहीं चाहती। तुम्हें जाना होगा।''

''वह बुरी है मम्मी। मैं उससे नफरत करती हूं और उसका चेहरा देखना नहीं चाहती। मैं नहीं जाऊंगी।''

''मैं कोई बकवास नहीं सुनूंगी। बस आ गई है। चलो। निशिता के परिवार वाले तुम्हें पसंद करते हैं। तुम्हें चलना ही होगा!''

गुस्से से जब मां ने छोटी बच्ची से ऐसा कहा तो बस अड्डे पर खड़े लोग उनकी तरफ देखने लगे।

एक थकी–हारी मां अपनी बेटी को उसकी सहेली के जन्मदिन की पार्टी में जबरन ले जा रही थी और उसकी बेटी सार्वजनिक स्थान पर तमाशा खड़ा कर रही थी, जहां मां ने इस तरह के विरोध की उम्मीद नहीं की थी (बच्चे विरोध जताना अच्छी तरह जानते हैं, वे जानते हैं कि जिद करने का कौन सा समय ठीक होगा और फिर वे वैसा ही करते हैं।)

इसका अर्थ यह नहीं है कि वह महिला एक बुरी या खराब माता है, लेकिन अपनी बेटी के अवचेतन मन में वह यह संदेश पहुंचा रही थी कि वह जो सोचती है वह ठीक नहीं है। उसने बेटी से कहा कि वह निशिता को पसंद करती है जबकि हकीकत में उसकी बेटी निशिता को पसंद नहीं करती। उसने बेटी से कहा कि निशिता के परिवार वाले उसे पसंद करते हैं जबकि उसे निशिता के घर जाना अच्छा नहीं लगता। बच्ची को सबसे अधिक असमंजस में डालने वाली बात यह है कि वह जिस बात पर विश्वास नहीं करती, उसी बात पर विश्वास करने के लिए उसे मजबूर किया जा रहा है।

बच्ची को मनाने के लिए उसकी माता चाहती तो असीम धैर्य के साथ काम ले सकती थी। वह बच्ची के सामने झुक जाती और कुछ इस तरह कहती: "क्या बात है बेटी? मैं तो सोच रही थी कि निशिता तुम्हें पसंद है। अपनी मम्मी को बताओ, क्या बात है?" अधिकतर मामलों में बच्चे चाहते हैं कि उनके मन की बात बड़े सुनें और अहमियत दें। तब माता-पिता और बच्चे के बीच सुलह का कोई रास्ता भी निकल आता है। लेकिन यहां अगर बच्ची की दिल की बात पर गौर नहीं किया जा रहा है तो निश्चित रूप से उसे वैसी बात मानने के लिए मजबूर किया जा रहा है जिस बात को वह मानना नहीं चाहती।

इस तरह के दृश्य के बाद बच्ची भले ही महसूस नहीं करेगी कि गलत क्या है मगर उसकी इच्छा नहीं मानने से उसके अवचेतन मन पर असर होगा। उसे बार-बार यह दृश्य याद आएगा कि किस तरह न चाहते हुए भी उसकी मम्मी ने बस में सवार होकर निशिता के घर चलने के लिए मजबूर कर दिया था। हो सकता है, निशिता के घर पहुंचकर वह दिन भर रोती रहे, चीजों को फेंकती रहे और अपनी दबी हुई अनुभूतियों को प्रकट करने की कोशिश करती रहे।

एक और उदाहरण देखिए। इस तरह का उदाहरण आपने भी दैनंदिन जीवन में जरूर कभी न कभी देखा होगा।

"मुझे आइसक्रीम चाहिए।"

"नहीं, तुम्हें नहीं चाहिए।"

"मुझे चाहिए। मुझे आइसक्रीम चाहिए।"

"कहा न नहीं चाहिए। तुम्हें आइसक्रीम खाने की जरूरत नहीं है।"

"मुझे चाहिए, मुझे चाहिए, मुझे चाहिए, मुझे एक आइसक्रीम चाहिए।"

"मैंने कहा न, तुम्हें आइसक्रीम नहीं चाहिए। अब एक बिगड़े हुए बच्चे की तरह बर्ताव करना बंद करो और अपने कमरे में जाओ।"

इस तरह का दृश्य काफी देर तक चल सकता है, जिसका अंत रोते हुए या सुबकते हुए बच्चे के साथ हो सकता है जो इस दुविधा में है कि जब उसने कहा उसे एक आइसक्रीम चाहिए तो उसे बताया गया कि उसे आइसक्रीम नहीं चाहिए। एक हद तक यह प्रसंग सामान्य लग सकता है। माता-पिता नहीं चाहते कि उनका बच्चा आइसक्रीम खाए, इसीलिए वे इनकार कर रहे हैं।

मगर वास्तव में यह सामान्य बात नहीं है। लोग जो कहना चाहते हैं, वह कुछ इस तरह भी कहा जा सकता है:

"मुझे एक आइसक्रीम चाहिए।"

"मैं जानता हूं तुम्हें एक आइसक्रीम चाहिए, मगर मैं नहीं चाहता कि तुम आइसक्रीम खाओ। क्योंकि जल्द ही हम लोग खाना खाएंगे।"

"लेकिन मुझे एक चाहिए।"

"हां, मुझे पता है तुम्हें एक ही चाहिए, मगर मैं अभी तुम्हें एक भी आइसक्रीम देने वाला नहीं हूं।"

इस तरह की बातचीत भी कुछ देर तक चल सकती है (बच्चों का जिद्दी होना स्वाभाविक होता है) और अंत में बच्चा रो सकता है या सुबक सकता है। यहां अंतर सिर्फ यही है कि बच्चा जो चाहता है उसको लेकर उसके मन में असमंजस का भाव पैदा नहीं होगा। उसे भले ही वह चीज नहीं मिलती जिसे वह चाहता है, मगर उसे कम से कम नहीं देने का कारण तो बताया जाता है, जिससे वह गलत अर्थ नहीं लगाता।

बचपन में अगर आपकी चाही गई चीजें आपको नहीं दी गई तो अब बालिग होने के बाद आपकी इच्छा को लेकर स्पष्ट हो पाना काफी मुश्किल है। क्या आप ऐसी किसी घटना को याद कर सकते हैं जब आपसे कहा गया हो कि आप कोई चीज नहीं चाहते जबकि हकीकत में आप वह चीज चाहते थे। क्या आपको याद है उस समय आपने कैसा महसूस किया था?

हर बात पर रोना अच्छी बात नहीं

आपसे यह कहा गया कि कोई खास चीज आप नहीं चाहते। जबकि आप जानते थे कि वह चीज आप चाहते हैं, इसके अलावा आपसे यह भी कहा गया होगा कि आप वैसा कुछ महसूस नहीं कर रहे, जबकि आप जानते थे कि आप वैसा कुछ महसूस कर रहे थे। ऐसा अक्सर तय होता है जब कोई बालिग व्यक्ति बच्चे के आंसू का सामना नहीं कर पाता। बच्चे की रूलाई की वजह से वयस्क व्यक्ति की अनसुलझी तकलीफें उजागर हो सकती हैं और वे अपने बच्चे को आघात से बचाव न कर पाने की वजह से खुद को खराब माता-पिता समझ सकते हैं।

एक बच्चा जो रो रहा है, उसे चुप कराने के लिए कोई वयस्क इस तरह की बातें कह सकता है, ''मत रोओ, यह कोई रोने की बात नहीं है'' या ''चुप हो जाओ, इतना कुछ बुरा तो नहीं हुआ है'' या ''इस तरह की सूरत मत बनाओ।''

अगर वे बच्चे को चुप कराना चाहते हैं, तो वे कह सकते हैं: ''तुम अगर रोना बंद कर दोगे तो मैं तुम्हें कुछ दूंगा'' या ''हर बात पर रोना अच्छी बात नहीं'' या 'अच्छे लड़के रोते नहीं' या 'तुम इतने बड़े हो गए हो फिर भी रोते हो।''

इनमें से कोई भी बात विशेष रूप से असरदायक साबित नहीं होती, लेकिन इन बातों से बच्चे की अनुभूतियों पर असर तो पड़ता ही है। जो आप महसूस कर रहे हैं उसे महसूस न करने की इजाजत देना नुकसान देह साबित हो सकता है। इच्छा को लेकर ऐसी स्थिति में असमंजस का भाव पैदा होता है, इसके अलावा, यह सब कुछ वयस्कों के फायदे के लिए होता है, बच्चों के फायदे के लिए नहीं। वयस्क अपनी असुविधाजनक अनुभूतियों से बचने के लिए ऐसा कहते हैं।

1996 के ओलंपिक खेलों के दौरान ऐसा ही नकारने का एक मंजर सामने आया था, जिस बात की हम यहां चर्चा कर रहे हैं। इससे जो खिलाड़ी जुड़ी थी वह कोई छोटी बच्ची नहीं थी, मगर यह प्रसंग सच्ची तसल्ली देने के सद्प्रयास का एक अनुकरणीय उदाहरण कहा जा सकता है।

महिला जिमनास्टिक्स के फाइनल में ऐसा हुआ था। अमेरिका की एक महिला खिलाड़ी फिसल गई थी और प्रतिस्पर्धा में स्वर्ण पदक या किसी अन्य पदक के लिए उसे अयोग्य करार दिया गया था। वह मैदान से बाहर निकली, स्वाभाविक रूप से वह रो रही थी- दुःख पीड़ा, निराशा, शर्म के साथ। उसका कोच उसे तसल्ली देने के लिए आगे बढ़ा, उस समय कैमरा और माइक्रोफोन ने उनकी निजता की परवाह नहीं की, पूरी दुनिया टीवी के परदे पर उस खिलाड़ी को रोते हुए देख रही थी।

उसके कोच ने उसकी पीठ पर हाथ रखते हुए कहा था, ''कोई बात नहीं, तुम्हारी टीम को पदक मिलेगा ही।'' कोच की यह तसल्ली कारगर साबित हुई। खास तरह की शैली अपनाकर कोच ने खिलाड़ी को यह बात बताई थी कि वह उसकी अनुभूतियों को समझ पा रहा था।

बच्चों को उदास और दु:खी देखकर माता-पिता असहाय हो जाते हैं और कई ऐसी बातें कहते हैं जिनके बारे में वे सोच-विचार नहीं करते। अपनी अनुभूतियों में डूबे बच्चे के लिए माता-पिता की बातें भ्रामक किस्म की होती हैं, माता-पिता संकेतों में यही बताना चाहते हैं कि जो भी तुम्हारी अनुभूतियां हैं वे सही नहीं हैं।

ऐसा केवल उन परिस्थितियों में ही नहीं होता जब बच्चे रो रहे होते हैं। कई माता-पिता अपने बच्चे की अक्सर निंदा करते हुए कहते हैं कि वह 'जरूरत से ज्यादा संवेदनशील' है और इस तरह वे बच्चे की अनुभूतियों को नकार देते हैं। आवेग की पराकाष्ठा अजीब होती है और कई बच्चों को घुटन महसूस करने के लिए मजबूर कर दिया जाता है चूंकि वे आवेग को ठीक से व्यक्त नहीं कर पाते।

कई परिवारों में अनुभूतियों को वर्जित माना जाता है, होठों को बंद रखना सिखाया जाता है और कुछ भी न बोलने की नसीहत दी जाती है। ऐसी ही नसीहत किसी नवजात बच्चे को दी जा सकती है? कुछ माता-पिता ऐसी कोशिश भी करते हैं। वे बच्चे के लगातार रोने और चिल्लाने से इस कदर झुंझला उठते हैं कि वे बच्चे को यह संकेत देने की कोशिश करने लगते हैं कि रोना बुरी बात है।

रोना बुरी बात नहीं है। जैसा कि सभी जानते हैं बच्चा अपनी जरूरतों और इच्छाओं के बारे में बताने के लिए रूलाई को एक संवाद माध्यम के रूप में इस्तेमाल करता है, जबकि कम उम्र में ही बच्चों को (खासतौर पर लड़कों को) रोने से मना लिया जाता है, उनसे यहां तक कहा जाता है कि वे सहानुभूति प्राप्त करने के लिए ऐसा कर रहे हैं। आंसू की धारा का भी निश्चित उद्‌देश्य होता है, लेकिन जब हम कुछ वयस्कों की तरफ देखते हैं जिन्होंने प्रभावशाली तरीके से अपनी अनुभूतियों का दमन कर रखा है तो हमें लगने लगता है कि क्या ऐसे लोगों के आंसू हमेशा के लिए सूख चुके हैं।

आंसू को शर्म का परिचायक माना जाता है, इसे व्यक्ति के लिए शर्मनाक और कमजोरी दर्शाने वाला माना जाता है। कहा जाता है कि मर्द कभी नहीं रोते और सिर्फ औरतें ही रोया करती हैं। आंसू को अवांछित समझा जाता है और इसके बारे में नकारात्मक बातें कही जाती हैं। जबकि हकीकत यह है कि मन के भीतर की अनुभूतियों को व्यक्त करने के लिए आंसू बेहतरीन साधन हैं।

आप अपने बारे में क्या सोचते हैं? क्या आपको ऐसा कोई प्रसंग याद आता है जब आपकी अनुभूतियों को नकार दिया गया हो, जब आपसे कहा गया हो कि आपको इस तरह महसूस करना चाहिए या नहीं? क्या आपके परिवार में भी जज्बातों के बारे में कोई नियम प्रचलित हैं? क्या आपके परिवार में जज्बातों की कद्र की जाती है, नकारा जाता है, निंदा की जाती है, मजाक उड़ाया जाता है या समझने की कोशिश की जाती है।

इच्छाओं और अनुभूतियों को नकारने का कैसा परिणाम बालिग होने के बाद सामने आ सकता है? अगर आपसे पूछा जाए आपकी जरूरत या इच्छा क्या है या आपकी अनुभूतियां कैसी हैं, आप शायद जवाब देंगे, ''मैं नहीं जानता।'' सामान्यतया, गहराई में आप जानते जरूर हैं, मगर दूसरे लोगों से अनुभूतियों की परिभाषा सुनते-सुनते आपके लिए अपने भीतर की गहराई से अनुभूतियों को उजागर कर पाना असंभव महसूस हो सकता है।

अगर आप कहेंगे कि आपकी इच्छा क्या है, तो आपकी आलोचना हो सकती है, इसीलिए आप कह देते हैं कि आपकी कोई इच्छा नहीं है।

क्या आपको लगता है कि आपके जीवन में ऐसे लोग हैं, जो बता सकते हैं कि आपकी इच्छा क्या है? कुछ लोग यह बताने में माहिर होते हैं कि दूसरे क्या चाहते हैं- उन्हें मालूम होता है। बेशक, अक्सर जो वे खुद चाहते हैं, उसे आपकी इच्छा बताकर वे जिम्मेदारी आपकी तरफ धकेल देते हैं। अगर आपके पालन-पोषण के दौरान आपकी अनुभूतियों को नकारा जाता है तो दूसरों के लिए आसान हो जाता है कि वे अपनी इच्छा आपके ऊपर थोप देते हैं।

इसे एक उदाहरण से समझा जा सकता है:

एक डिपार्टमेंटल स्टोर में एक महिला अपनी तीन साल की बेटी के साथ ट्रॉली लेकर खरीदारी कर रही थी। जिस तरफ बिस्कुट के पैकेज सजाकर रखे गए थे, उस तरफ वह ट्रॉली को धकेलकर ले गई और उसने छोटी बच्ची से पूछा, ''तुम्हें कौन सा बिस्कुट चाहिए,'' लड़की ने बेहिचक एक पैकेट की तरफ इशारा करते हुए कहा, ''वह चाहिए।'' महिला ने वह पैकेट उठाकर ट्रॉली में रखने की जगह कहा, ''तुम्हें वह नहीं चाहिए। तुम्हें यह चाहिए, पापा को यह पसंद है।'' अगर महिला को अपनी बेटी की पसंद से बिस्कुट नहीं खरीदना था तो फिर उसने पूछा ही क्यों था?

अगर आपके पालन-पोषण के दौरान इस तरह की घटनाएं होती हैं तो एक वयस्क के रूप में जब कोई आपसे पूछेगा कि क्या आप अमुक चीज चाहते हैं तो आप सोचना शुरू कर देंगे कि क्या सचमुच आपको उस चीज की जरूरत है। चतुर किस्म के लोग अपने वाक्य की शुरुआत करेंगे, "आपकी क्या जरूरत है..." और आप उन पर विश्वास कर लेंगे कि जिस चीज को वे आपके लिए जरूरी समझते हैं, वही ठीक रहेगी। जबकि आपकी वास्तविक जरूरत के बारे में आपसे ज्यादा दूसरा नहीं जान सकता।

इन उदाहरणों को देखिए:

- एक महिला का पति (जिससे वह तलाक ले चुकी है) उससे कहता था कि वह उससे बहुत प्यार करती है और महिला ने सोचा कि अगर वह इतना जोर देकर कह रहा है तो जरूर यह बात सही होगी।
- एक आदमी ने उस समय शादी की, जब उसका मन शादी करने का नहीं था, लेकिन उसने अपनी प्रेमिका की उस बात पर यकीन कर लिया कि वह दिल की गहराई से उसे चाहता है, और उससे शादी करना चाहता है।
- एक व्यक्ति को अपनी कंपनी में पदोन्नति के लिए आवेदन करना पसंद नहीं है क्योंकि उसका एक सहकर्मी उसे कहता है कि असल में उसे नौकरी की कोई जरूरत नहीं है, और इस तरह उसका संकल्प डगमगाने लगा है।
- एक महिला अपनी सहेली के साथ छुट्टियां बिताने के लिए एक स्थान पर इसीलिए गई क्योंकि उसकी सहेली को वह जगह पसंद थी, जबकि महिला कहीं जाने का इरादा नहीं रखती थी।

कुछ लोगों को लगता है कि वास्तव में वे नहीं जानते कि उन्हें क्या चाहिए या वे कैसा महसूस करते हैं। उन्हें कोई निर्णय लेना अत्यंत कठिन लगता है, चूंकि उन्हें लगता है कि जो भी वे सोचेंगे उसकी जरूरत नहीं हो सकता है, उससे उनकी जरूरत प्रतिबिंबित होती हो। वे अपनी जरूरतों को पहचानने की आदत भूल चुके होते हैं और फिर वैसी संभावना को खोज शुरू कर देते हैं।

और ऐसे लोगों की भी कमी नहीं है जो दिल की गहराइयों में जानते हैं कि उनकी जरूरतें और इच्छाएं दबी हुई हैं, लेकिन वे उन्हें व्यक्त करते

हुए डरते हैं, इसीलिए वे कह देते हैं, ''मैं नहीं जानता'' या ''आप जो भी कहेंगे वही ठीक रहेगा'' या ''कोई फर्क नहीं पड़ता। जो भी तय होगा मुझे स्वीकार होगा।'' वे ऐसा कभी नहीं कहते, ''मैं चाहता हूं'' या ''मैं महसूस करता हूं।''

पहली बात, आप किस तरह अपनी जरूरतों और इच्छाओं की पहचान करते हैं, और दूसरी बात, क्या आप अपनी जरूरतें या इच्छाएं पूरी करने के लिए या स्वीकृत होने के लिए व्यक्त कर पाते हैं?

मैं ऐसा सिर्फ आपकी भलाई के लिए कर रहा हूं

क्या आपने कभी ऐसा वाक्य सुना है? यह झूठ है।

ऐसी कई बातें हैं जो हमारे जीवन में हमारे लिए लोग करते हैं और जो निश्चित रूप से हमारी भलाई के लिए होती है, आप सभी के पास अपनी-अपनी स्मृतियां होंगी कि किस तरह उदारता, सहानुभूति, सहयोग, सद्भाव की भावना से आपके माता-पिता और दूसरे वयस्कों ने आपके हित को साधने में योगदान किया।

लेकिन, यह सच है कि जब आप छोटे होते हैं, उस समय अगर कोई वयस्क आपसे कहता है कि मैं ऐसा सिर्फ तुम्हारी भलाई के लिए कर रहा हूं तो आपको सावधान हो जाना चाहिए। इसका अक्सर यही मतलब होता है कि ऐसा सिर्फ वे अपनी भलाई के लिए कर रहे होते हैं, आपकी भलाई के लिए नहीं। इसका अक्सर यह मतलब होता है कि वे खुद को सुविध ाजनक बनाने के लिए आपको व्यवहार बदलने और नया व्यवहार ग्रहण करने के लिए प्रेरित करते हैं, वे आपको सामाजिक प्राणी बनाने के लिए ऐसा नहीं करते।

जब आपके जीवन में वयस्क लोग आपके मूल स्वभाव के साथ तालमेल कायम नहीं कर पाते। तब वे आपके ऊपर कायदे थोपना शुरू कर देते हैं और नसीहतें देने लगते हैं। आपको भिन्न स्वभाव कारण नहीं होता, बल्कि वे आपके स्वभाव को पचा नहीं पाते हैं। ऐसा नहीं है कि बचपन में आपका व्यवहार देवदूतों जैसा होता है, लेकिन सामान्य तौर पर जब माता-पिता को समझ में नहीं आता कि आगे उन्हें क्या करना चाहिए तो फिर बच्चे को भुक्तभोगी बनना पड़ता है।

अगर इस तरह की बात आपके साथ हुई हो, तो सबसे अधिक असमंजस की स्थिति इस बात को लेकर हुई होगी कि जब आपका जीवन खुशियों से भरपूर रहता है, उसी समय आपके माता-पिता का क्रोध तूफान की तरह आता है और फिर आपके अबोध मन में डर फैल जाता है।

और जब वे आपके साथ ऐसा करने लगते हैं, तब आप दूसरों के लिए स्वीकार योग्य बनने की चाहत के साथ अपने व्यवहार में बदलाव शुरू कर देते हैं। ऐसा तब होता है जब एक रेजर की तरह आपके भीतर एक किस्म का अतिरिक्त बोध विकसित होता है, जिसके जरिए आप सही तरीके का व्यवहार अपने लिए चुनते हैं, ताकि सब कुछ ठीक-ठाक रहे। चेतन या अवचेतन मन में आप सावधान रहकर सोचते रहते हैं, "मेरे माता-पिता किस बात से नाराज हो जाएंगे?" और "मुझे अभी क्या करना चाहिए?" और "वे मुझसे कैसी अपेक्षा रखते हैं?" और "मुझे किस तरह का व्यवहार करना चाहिए।"

जब आपकी उम्र काफी कम होती है, उस समय जरूरी नहीं कि शब्दों के रूप में ऐसे विचार मन में उभरते हों, वे महज अनुभूति होते हैं, जिन्हें आप आकार प्रदान कर सकते हैं या फिर आपको दंडित किया जा सकता है। दंड का मतलब है प्यार, लगाव, स्वीकृति और मान्यता से वंचित होना- ये चीजें बच्चे को सुरक्षित महसूस करने के लिए अनिवार्य होती है।

जब आप छोटे थे, तब आपने अपने माता-पिता (और अन्य वयस्कों) की जरूरतों के अनुरूप खुद को ढालने के लिए अपने व्यवहार में बदलाव किया होगा। उनकी जरूरतें लगातार बदलती रही होंगी। लेकिन, आपने इस बात का अंदाजा लगाने की कोशिश की होगी कि वे क्या चाहते हैं, अक्सर इस तरह का अंदाजा लगा पाने में आप नाकाम रहे होंगे। आधार अनिश्चित था और नियम बदलने का अधिकार किसी और के हाथ में था। हो सकता है प्रत्येक दिन या प्रत्येक सप्ताह के लिए अलग-अलग नियम होते हों, जिनका पालन कर पाना छोटे बच्चे के लिए कठिन होता हो।

इसका अर्थ है कि आपको भयभीत होकर जीना पड़ रहा था। आपको इस बात का डर सताता रहा था कि कहीं माता-पिता असंतुष्ट या नाराज न हो जाएं। इसका अर्थ है कि संभावित नाराजगी से बचने के लिए आप अपने वातावरण को पहले से ही भय से भरपूर बना लेते थे।

यही वजह है कि आपके भीतर माहौल को थोपने का अत्यंत शक्तिशाली अंदरुनी रजर विकसित होता गया जो मामूली समस्या की तरंग को भी पकड़ लेता है और फिर कोई परेशानी पैदा न हो। इसके लिए उपाय ढूंढ़ने में व्यस्त हो जाते हैं। छोटे बच्चे के लिए यह सब करना किसी सजा से कम नहीं है। आपने अपने उदास माता-पिता को देखकर उन्हें खुश करने का प्रयास किया होगा, आपने ऐसा कुछ किया होगा जिससे उन्हें खुशी मिले।

फिर भी उन्हें खुश करना आसान नहीं होता। मानो गोल दागने का निशाना हर बार बदल जाता है और हर बार आपको ध्यान रखना पड़ता है कि उनका अगला निशाना कहां लगेगा।

नाकामी निश्चित होती है। कोई भी छोटा बच्चा हर समय सावधान नहीं रह सकता और आपने भी लाख बचने की कोशिश करते हुए भी किसी न किसी समय माता-पिता को नाराज कर ही दिया होगा।

लेकिन अभ्यास से आदत मजबूत होती है। और आपको एक अलग शख्स बनने की आदत डालने के लिए अभ्यास करने का काफी मौका मिलता है। आप इस बात का पता लगाते हैं कि आपसे जिस तरह के व्यवहार की अपेक्षा रखी जाती है, उसे सीखने का सर्वश्रेष्ठ और सबसे अधिक स्वीकारयोग्य तरीका क्या हो सकता है, और इस तरह दूसरे व्यक्ति के रूप में खुद को बदलने के लिए आप अपने असली व्यक्तित्व को भूल जाते हैं।

और यह सब करते हुए आप चमत्कारिक रूप से अपना बचाव कर लेते हैं। आपके भीतर व्यवहार को सीमित करने से मुक्त रहने का साहस और उम्मीद को पूरी तरह निचोड़ नहीं लिया जाता। आप बदलते नियमों, बदलते लक्ष्यों, असुविधाओं और विरोधाभासों से बचने के लिए कुछ सहज और निश्चित विधियां सीख जाते हैं, जिनसे होकर आपको बचपन में गुजरना पड़ा था।

हम किस तरह ग्रहण करते हैं

हम यह बताने का प्रयास कर रहे हैं कि बच्चे अपने माता-पिता का दिल जीतने के लिए किस तरह अपने स्वाभाविक व्यवहार को बदलते हैं और नए व्यवहार ग्रहण करते हैं। हो सकता है इनमें से एक से अधिक तरीके आपको चिर परिचित लगें। वैसा व्यवहार अब आपके लिए उपयोगी नहीं भी हो सकता

है, मगर कभी मुश्किल घड़ियों से उबरने के लिए वैसे व्यवहार से आपको मदद मिली होगी। उस समय वह व्यवहार आपके लिए अनिवार्य रहा होगा।

व्यवहार को ग्रहण करने के ये तरीके आपके व्यक्तित्व की कुछ विशेषताओं के भी परिचायक हैं जो आपने विकसित किए हैं और जो आपके जन्मजात स्वभाव के विपरीत हो सकते हैं। इस सूची में व्यक्तित्व के विभिन्न प्रकारों के अलावा बचाव के उन तरीकों को भी शामिल किया गया है, जिनका अन्वेषण आपने खुद के बचाव के लिए किया होगा। हमने कुछ निश्चित किस्म के व्यवहारों का अलग से उल्लेख किया है, जो 'भले' बच्चे अपनाते हैं और ऐसे व्यवहारों को शीर्षक भी दिया है। लेकिन, ऐसा नहीं है कि एक व्यक्ति एक ही किस्म के व्यवहार से जुड़ा होता है, बल्कि गुणों, आचरण, आदत और अभ्यास के समावेश से ही आपके संपूर्ण व्यक्तित्व का निर्माण होता है।

यहां कई प्रकार के व्यवहारों और बचाव के उपायों का इस अंदाज में विश्लेषण किया गया है जिसके आधार पर आप बचपन में विकसित किए गए अपने खास तरीके को समझ सकते हैं, इस विश्लेषण का उद्देश्य कोई चिकित्सकीय पड़ताल करना नहीं है, बल्कि एक ऐसे मॉडल को प्रस्तुत करना है जिसके आधार पर व्यापक संभावनाओं की चर्चा की जा सके।

यहां यह विचार भी काम नहीं कर रहा है कि सूची को पढ़कर आप कहें, ''मैं दूसरों को खुश करने वाला हूं या मैं आत्म केंद्रित हूं।'' बल्कि इस सूची से आपको यह समझने में आसानी होगी कि जिस माहौल में आप पले-बढ़े, उसमें आपके स्वाभाविक व सच्चे व्यवहार को जब स्वीकार नहीं किया गया तब खुद को बचाने के लिए आपने किस तरह के व्यवहार को ग्रहण किया।

इस तरह जब आप पीछे मुड़कर देखते हैं कि आपने किस तरह नए व्यवहार को ग्रहण किया तब आपको मालूम पड़ता है कि अलग-अलग समय में आपका व्यवहार भी अलग-अलग होता था। कभी आप अच्छी तरह देखभाल करने लगते थे तो कभी सुलह करवाने की कोशिश करते थे। ऐसा भी समय आया होगा जब आपको शर्मिन्दा होना पड़ा होगा। कभी-कभी आप इन व्यवहारों से पूरी तरह मुक्त रहे होंगे और कभी-कभी इन सभी व्यवहारों का इस्तेमाल किया होगा।

अच्छा बच्चा

अच्छे बच्चे सचमुच अच्छे होते हैं। उन्हें यह संदेश जल्दी समझ में आ जाता है कि सही काम करने पर बेहतर तरीके से उनकी पीठ थपथपाई जाएगी। सही काम का अर्थ है कि माता-पिता चाहे जो भी काम करने के लिए कहें। ये बच्चे ऐसे होते हैं, जो शायद ही कभी किसी असुविधा के लिए शिकायत करते हैं, उनके कपड़े अधिक गंदे नहीं होते, वे वर्तमान के सारे नियमों का पालन करते हैं। वे कभी माता-पिता को परेशान नहीं करते।

ये बच्चे अक्सर अपने आपमें ही सिमटे रहते हैं, वे अपने आपको इसी रूप में ढाल लेते हैं। वे हरगिज नहीं चाहते कि कोई भी उनसे किसी बात पर नाराज हो। वे खामोश बने रहते हैं और वे ऐसा सोच सकते हैं कि उनकी जिन्दगी में कभी भी तूफान आ सकता है, अंदर में भले ही खामोशी नजर आती है मगर हमेशा आशंका बनी रहती है।

एक बार जब अच्छे बच्चे का खिताब मिल जाता है तो इस खिताब को अलग कर पाना लगभग असंभव हो जाता है चूंकि उनसे हमेशा यह उम्मीद रखी जाती है कि हर हाल में वे अच्छे ही बने रहेंगे।

शांति वाहक

इस तरह के बच्चे हमेशा शांति बनाए रखने के पक्ष में होते हैं। वे माता-पिता के बीच झगड़े को खत्म करवाने की कोशिश करवाते हैं, भाई-बहनों के बीच या माता-पिता और भाई-बहनों के बीच सुलह करवाते हैं। वे हर हाल में शांति बने रहते हैं, वे रुखा-सूखा खाना भी खा लेते हैं, वे किसी टीवी कार्यक्रम, पुस्तक या व्यक्ति की खूबियों के बारे में बता सकते हैं, जिन खूबियों की तरफ दूसरों का ध्यान आकर्षित नहीं हो पाता। उन्हें असहमति पसंद नहीं होती।

ये बच्चे किसी भी तरह की बहस को पसंद नहीं करते और टकराव को टालने के लिए ये बच्चे अपनी पूरी ताकत लगा सकते हैं। जब सब कुछ ठीक नहीं हो तब भी वे हर हाल में कहेंगे कि सब कुछ ठीक है। वे कभी इस बात का विरोध स्वीकार नहीं करेंगे कि जीवन एक शांत और सुखद मार्ग का नाम है।

आज्ञाकारी

ये बच्चे अच्छे बच्चे के समान होते हैं, मगर उन्हें अत्यंत ही भय के साए में जीने की आदत होती है। वे इस बात के लिए पूरी तरह सजग बने रहते हैं कि उनकी कोई गलती पकड़ी न जाए। हालांकि आज्ञाकारी बच्चे शरारती नहीं होते, फिर भी उन्हें डर रहता है कि कहीं उन्हें शरारती न समझ लिया जाए।

वे भी नियमों का अच्छी तरह पालन करने में विश्वास रखते हैं। वे इस मामले में इतने पक्के होते हैं, कि सभी नियमों का पालन करने के लिए वे स्तर पर नियम तैयार कर लेते हैं जो परिवार के नियम की तुलना में अधिक सख्त होते हैं।

लोगों को संतुष्ट करने वाले बच्चे

लोगों को संतुष्ट करने वाले बच्चे हमेशा इस ताक में रहते हैं कि अपने आसपास के वयस्कों को खुश करने के लिए सटीक बात कहें या सटीक काम करके दिखाएं।

ऐसे बच्चों का व्यवहार मधुर होता है और वे चतुर भी होते हैं। वे अधिकतर समय इस बात का अंदाजा लगाने में व्यतीत करते हैं कि वयस्क उनसे कैसी अपेक्षा करेंगे और वयस्क के कहने से पहले जिस चीज की भी जरूरत पड़ेगी, वे मुहैया करवाएंगे।

दोषी बच्चा

दोषी किस्म का बच्चा हर बात में अपनी गलती समझता है। ऐसे बच्चे मानकर चलते हैं कि उनके इर्द-गिर्द जो भी गलत हो रहा हैं उसके लिए वे ही दोषी हैं। यही वजह है कि ऐसे बच्चे न तो खुश रह पाते हैं, न खेल पाते हैं। वे गुमसुम बने रहते हैं क्योंकि उन्हें चिंता रहती है कि उनकी वजह से कहीं वयस्कों को कोई कठिनाई न हो। वे यह भी मानते हैं कि वे जो भी काम करेंगे उसमें गलती होगी या दूसरों को परेशानी होगी।

शर्मिन्दा बच्चा

ये बच्चे दोषी बच्चे की तरह ही होते हैं, मगर यहां वे क्या करते हैं इससे ज्यादा वे क्या हैं, यह बात मायने रखती हैं, जो बच्चे अपने आप पर शर्मिन्दा

होते हैं वे वास्तव में ऐसा मानते हैं कि उनके भीतर ही कुछ बुराई है। वे यूं ही क्षमा मांगते रहते हैं।

निंदक

ऐसे बच्चे दूसरों को बुरा बताकर खुद अच्छा दिखने की कोशिश करते हैं। वे दूसरों की बुराइयां ढूंढ़ते रहते हैं, और फौरन इसकी सूचना माता-पिता और शिक्षकों को दे देते हैं। वे दुनिया की नजरों में बेहतर बनने की कोशिश करते हैं मगर इसके लिए किसी दूसरे की टांग खिंचाई करना जरूरी समझते हैं।

ध्यान रखने वाला

ऐसे बच्चे अपने भाई-बहनों और माता-पिता का विशेष रूप से ध्यान रखते हैं, असल में वे हर चीज का ध्यान रखना सीख जाते हैं, ऐसे बच्चे खुद को अत्यंत उपयोगी बना लेते हैं और अक्सर माता-पिता ऐसे बच्चों पर भरोसा करते हैं। वे जरूरत से ज्यादा जवाबदेह होते हैं और बड़े होने पर वे अतिरिक्त कार्य करना तथा विविध गतिविधियों में शामिल होना जरूरी समझते हैं चूंकि सभी समझते हैं कि वे इस तरह के कार्यों को पसंद करते हैं, चूंकि वे दूसरों के साथ हाथ बंटाने में यकीन करते हैं।

ऐसे बच्चे बड़े होने पर दूसरे लोगों की समस्याओं का हल ढूंढ़ने में व्यस्त रहते हैं, भले ही इसके लिए उन्हें प्रतिफल मिलता हो या नहीं।

आत्मनिर्भरशील

इस तरह के बच्चों का ख्याल रखने की जरूरत नहीं पड़ती। जब भी उनकी तरफ गौर किया जाता है, ऐसा प्रतीत होता है कि वे अपने आसपास की कठिनाइयों से निपटने में इस कदर सक्षम हैं कि माता-पिता राहत की सांस लेते हैं कि कम से कम एक संतान के बारे में उन्हें चिंता करने की कोई जरूरत नहीं है।

मजबूत बच्चे अपनी कमजोरी प्रदर्शित नहीं करते या अपनी कोमल भावनाओं को उजागर नहीं करते और माना जाता है कि जिस तरह दूसरे भावुक बच्चे आसक्ति से प्रभावित हो जाते हैं, उस तरह वे प्रभावित नहीं होते।

निष्क्रिय बच्चा

सहमे और झुके हुए रहने से और अपनी तरफ किसी का ध्यान आकर्षित नहीं करने से निष्क्रियता आती है। आप क्या करना चाहते हैं और आपको कैसे

करना चाहिए, आप इस संबंध में दूसरों की मर्जी के ऊपर इस कदर निर्भर हो जाते हैं कि आपके लिए विरोध जता पाना नामुमकिन हो जाता है चूंकि इसके लिए आपके पास हिम्मत और ऊर्जा नहीं रहती।

निष्क्रिय बच्चे अत्यंत व्यवहारिक होते हैं और वर्तमान की जरूरतों के अनुरूप जब भी वे चाहें खुद को बदल सकते हैं।

अनुपस्थित बच्चा

मनोविज्ञान की भाषा में इसे 'अनुपस्थित होना' कहा जाता है। कुछ बच्चों के लिए वास्तविक जीवन की तकलीफें इतनी ज्यादा होती हैं कि अपनी चिंता और भय से निजात पाने के लिए वे कोई तरीका ढूंढ़ लेते हैं। ऐसा करने के लिए वे वर्तमान की प्रक्रिया से अपने एक हिस्से को जुदा कर लेते हैं। उनके साथ जो भी हो रहा होता है, उसके दौरान उनका शरीर मौजूद रहता है मगर मानसिक रूप से और भावनात्मक रूप से वे अनुपस्थित हो जाते हैं। वे अपने भीतर खोल में इस कदर सिमट जाते हैं कि कोई उनका स्पर्श नहीं कर सकता।

जिन बच्चों का यौन शोषण किया जाता है, उनके मामले में हम अक्सर ऐसा देख सकते हैं। इसके अलावा कुछ बच्चे हमेशा चिल्लाने, डांटने या फटकारने वाले माता-पिता से अपना बचाव करने के लिए इस तरीके का इस्तेमाल करते हैं। ऐसे बच्चे माता-पिता के मुंह से अनवरत निकलने वाली तीखी बातों की तरफ ध्यान नहीं देते।

अगर किसी बच्चे को कभी-कभार ही डांटा जाता है तो वह ऐसी डांट से सीख लेता है और इस तरह की डांट असरदायक भी होती है। लेकिन अगर किसी बच्चे को हमेशा डांटा जाता है और कहा जाता है कि वह गलत कर रहा है, तो वह अपने मानसिक जगत को अपने बचाव के लिए पूरी तरह वर्तमान से जुदा कर सकता है।

भले ही वे मुस्कराते रहेंगे और कहते रहेंगे, ''हां हां, ठीक है मम्मी, ठीक है' लेकिन हकीकत में बातों की तरफ उनका ध्यान नहीं रहता। उनके लिए अपनी कमजोरियों के बारे में सुनते रहना पीड़ादायक अनुभव होता है, इसीलिए वे वैसी बातों को अनसुना कर देते हैं।

छिपाने की आदत

सभी बच्चे झूठ बोलते हैं और सभी बच्चे छिपाते हैं, तथा अभिनय करते हैं। एक वजूद के निर्माण का यह स्वाभाविक हिस्सा है- कि ऐसे विचार और सोच और अनुभूतियां हों जिनके बारे में दूसरे न जान सकें। यह अलगाव की प्रक्रिया और स्वयं की पहचान विकसित करने के दौरान स्वाभाविक रूप से होता है। जब इस तरह की आदत विकसित होती है तो आप माता पिता और शिक्षकों के गुस्से से बचाव करने के लिए झूठ का उपयोग करने लगते हैं, जो ज्यादातर बच्चे, चाहे वे भले हों या नहीं, करना चाहते हैं।

लेकिन, भले बच्चों के लिए झूठ बोलने और छिपाने की आदत नया रूप ग्रहण कर लेती है। वे अपनी अनुभूतियों और विचारों को छिपाने में माहिर हो जाते हैं, ताकि कोई समझ न सके कि उनके भीतर कैसी उथल-पुथल मची हुई है। वे अपनी अनुभूतियों को प्रभावशाली तरीके से छिपाना जानते हैं ताकि लोग उन्हें ठीक-ठाक समझें, भले ही अंदर से वे ठीक-ठाक न हों।

वे झूठ बोलते हैं और छिपाते हैं चूंकि वे जो हैं, उसके लिए उन्हें शर्म महसूस होती है। उन्हें यह लगता है कि उनके पास जो विचार और अनुभूतियां हैं वह दूसरे लोगों के पास नहीं है, इसीलिए वे उन्हें अपने अंदर छिपाकर रखते हैं ताकि मजाक और शर्म से बच सकें।

निष्प्रभावी

निष्प्रभावी का अर्थ है कि हर तरह की अनुभूतियों का अंदर ही अंदर जम जाना। यानी भीतर अनुभूतियां तो रहती हैं मगर वे अवरुद्ध हो जाती हैं। असल में अनुभूतियों को व्यक्त करते समय जब बच्चों को काफी परेशानी होती है तो वे खुद को भावनात्मक रूप से निष्प्रभावी बनाने की कोशिश करते हैं ताकि तकलीफों को महसूस नहीं किया जा सके।

अंदर ही अंदर माता-पिता की छवि का सृजन

इसका असर कमाल का होता है: कुछ दिनों के बाद माता-पिता को कोई नसीहत देने की जरूरत नहीं पड़ती। वे इतने असरदार तरीके से अपने बच्चों को नकारात्मक संदेश देते हैं कि बच्चे अपने दिलो-दिमाग में अपने माता-पिता की नसीहतों को हमेशा के लिए बसा लेते हैं।

वे बड़े होकर ऐसे व्यक्ति बन जाते हैं कि जब भी वे कुछ करते हैं तो पहले उसके अच्छे-बुरे पहलू पर गौर नहीं करते बल्कि वे खुद को कोसना शुरू कर देते हैं, ''तुम कितने बड़े मूर्ख हो, तुम किसी काम के नहीं हो, तुमसे कुछ नहीं होगा'' और इसी तरह की बातें। उन्हें बाहर किसी ऐसे व्यक्ति की जरूरत नहीं पड़ती कि वे कितने बुरे हैं। वे खुद ही अपने आपको फटकारने की आदत विकसित कर लेते हैं।

अगर आप पहचान जाते हैं कि आपके अंदर भी अपने माता-पिता की छवि बसी हुई है, तो इसका मतलब है कि आपने उनकी फटकारने की शैली को भी पूरी तरह ग्रहण कर लिया है, फर्क सिर्फ इतना है कि आवाज केवल आपकी होती है। अब आप जब भी जी चाहे खुद को कोसते रह सकते हैं, अपने नकारेपन, अपनी मूर्खता, अपनी नादानी के लिए खुद को फटकारते रह सकते हैं।

इन सब बातों का निचोड़ यही है कि आपके कम उम्र के कंधों पर भले बच्चे का बुजुर्ग वाला दिमाग हावी हो जाता है।

भले बच्चे तेजी से बड़े होते हैं। वे समय से पहले बालिगों की तरह सोचने लगते हैं और व्यवहार करने लगते हैं। सही काम करने के लिए वे वयस्कों की गतिविधियों पर पैनी नजर रखते हैं और इस तरह वे वयस्कों की तरह बर्ताव भी करने लगते हैं।

वे बचपन के आरंभिक दिनों का ठीक से लुत्फ नहीं उठा पाते चूंकि वे चिंता, परेशानी और आशंका से ग्रस्त रहते हैं और कोई भी गलत कदम उठाना नहीं चाहते। अगर उन्हें लगता है कि उनके माता-पिता नाराज हो सकते हैं तो वे अपनी जरूरतों और इच्छाओं को सीमित कर लेते हैं। वे अपनी स्वाभाविक अनुभूतियों को दबाने और नकारने के इस कदर आदी हो जाते हैं कि वे समय से पहले ही परिपक्व बन जाते हैं।

विश्वास करें, आपके पास विकल्प होता है

जैसे-जैसे आप बड़े होते हैं- अपने-अपने तरीके से- आप इस तरह के व्यवहार को अपनाने की कोशिश करते हैं जिससे आपके इर्द-गिर्द के लोगों को असुविधा न हो। यानी आप वैसे गुणों के साथ जन्म नहीं लेते, लेकिन अपनी पसंद से ऐसे गुणों को अपने व्यवहार का हिस्सा बना लेते हैं।

आप इस तर्क का विरोध कर सकते हैं, "दो साल के बच्चे के पास क्या विकल्प हो सकता है? या सात साल का या दस साल का बच्चा सही व्यवहार का चुनाव किस तरह कर सकता है?"

वास्तव में, कम उम्र में पसंद करने का सवाल पैदा नहीं होता। तब हम ऐसा नहीं सोचते हैं, "अच्छी बात है, मेरे सामने अभी कई विकल्प मौजूद हैं, अब मैं समझ नहीं पा रहा हूं कि इनमें से किसका चुनाव करना ठीक रहेगा? मैं अपनी मम्मी की पसंद चुन सकता हूं या पापा की पसंद चुन सकता हूं या अपने मन से कोई विकल्प चुन सकता हूं।" लेकिन भले ही यह सुनना अजीब लगे, पसंद करने का अवसर उस समय भी मौजूद रहता है। कुछ बच्चे दूसरों के समान अपनी पसंद प्रदर्शित नहीं करते, आपके अपने ही परिवार में ऐसे बच्चे होंगे जो आपकी तरह मिलती-जुलती पसंद प्रदर्शित नहीं करते होंगे।

आपकी पसंद पर कुछ परिणामों के भय का नियंत्रण रहता है, आपको कुछ खो देने का डर बना रहता है जिससे आप असुरक्षित बन सकते हैं। यही वजह है कि खुद को असुरक्षित बनने से बचाने के लिए आप दूसरों के बताए गए व्यवहार को ग्रहण कर लेने का फैसला करते हैं।

चूंकि वयस्क सदस्य (हमारे माता-पिता, अन्य रिश्तेदार, शिक्षक आदि) इस तरह के नियम कायदे बनाते हैं, इस तरह हमारे सामने बहुत सारे विकल्प मौजूद नहीं होते। ऐसा महसूस ही नहीं हो पाता कि दूसरे विकल्प भी हो सकते थे।

नीचे एक अभ्यास दिया जा रहा है जिसकी सहायता से विकल्प के चयन की प्रक्रिया को समझा जा सकता है:

विकल्प अभ्यास संख्या 1

आप अपनी स्मृति में जितना पीछे जाना संभव हो सके, उतना पीछे जाएं। याद करने की कोशिश करें कि कब पहली बार आपने जागरुकता के साथ किसी व्यवहार में परिवर्तन करने का निर्णय लिया था चूंकि उसके परिणामों के बारे में सोचकर आपको लगा था कि ऐसा करना बुद्धिमानी की बात होगी। उस समय आपने जानबूझकर अपने वांछित कार्य में बदलाव किया था। और जैसा आप करना चाहते थे वैसा न करके कुछ और और किया था।

या आप कोई ऐसी आरंभिक घटना याद करने की कोशिश करें, जो शर्मनाक या परेशान करने वाली या पीड़ादायक थी और जिस घटना के बाद

आपने जानबूझकर अपने व्यवहार में परिवर्तन किया था ताकि फिर कभी आपको तकलीफदेह अनुभव का सामना न करना पड़े।

ऐसा हो सकता है कि आपके माता-पिता के बीच झगड़ा हुआ हो और आपने सोचा हो कि आपकी गलती से दोनों झगड़ रहे हैं, तब आपने निश्चय किया हो कि भविष्य में आप ऐसा कुछ नहीं कहेंगे जिससे दोनों के बीच झगड़ा हो, ऐसा हो सकता है कि स्कूल में अपनी कक्षा में आपको सभी के सामने अपमानित होना पड़ा हो, ऐसा हो सकता है कि जब आप खेल रहे हों तो किसी वयस्क ने आपके बर्ताव को 'बुरा' बताया हो।

चाहे आपकी उम्र कम रही हो, आप परिस्थिति का पर्यवेक्षण करने और अपने कार्यों के परिणामों की कल्पना करने में सफल रहे होंगे। और उसके बाद सोच-समझकर आपने अपने व्यवहार में बदलाव लाया होगा। आपका दिमाग परिणामों को समझ पाने में सक्षम था, इसीलिए आपने एक व्यवहार को छोड़कर वैकल्पिक व्यवहार का चयन किया होगा, इस तरह आपने अपने हिसाब से श्रेष्ठ चयन किया होगा: दो बुराइयों में से कम घातक बुराई का चुनाव।

आपमें से कईयों के लिए हालांकि कई विकल्प मौजूद रहे होंगे, मगर आपको लगा होगा कि आपके सामने कोई विकल्प नहीं है। ग्रहण न करने के परिणामों का डर इतना ज्यादा रहा होगा कि आपने सोचा होगा कि आपके पास कोई विकल्प है ही नहीं।

जब चयन आदत बन जाती है

बचपन में आपको एक-एक अंतराल पर विकल्पों का चयन करना पड़ा होगा। हर दिन, हर हफ्ते, हर महीने आपके सामने नई-नई चुनौती आती होगी, तब आप विचार करते होंगे और अपने लिए वैकल्पिक व्यवहार का चुनाव करते होंगे।

आप यह देखते होंगे कि आपके लिए सर्वाधिक सुरक्षित और सर्वाधिक सटीक व्यवहार कौन सा हो सकता है और ऐसा करते हुए आपको यह महसूस नहीं होगा कि आप जागरुक होकर इस तरह का चयन कर रहे हैं। कुछ दिनों के बाद आप पुराने व्यवहार को छोड़कर नए व्यवहार को अपनाने में इस कदर माहिर हो चुके होंगे कि बदला हुआ व्यवहार ही आपके असली व्यक्तित्व की पहचान बन गया होगा।

पहले यह कथन कहा गया है, "मैं ऐसा ही हूं।" आप विकल्प को आदत बनाने लगते हैं तो वह सहज व्यवहार जैसा ही बन जाता है।

मनुष्य के भीतर एक संरचना निर्माण का तंत्र मौजूद रहता है। ऐसा होना अच्छी बात है। हमारे लिए जरूरी नहीं कि एक ही कार्य को बार-बार करते हुए हमें नए सिरे से उसे सीखना चाहिए हमारा मस्तिष्क इस किस्म की पुनरावृत्ति का अभ्यस्त हो जाता है। सतत कार्य करते हुए ही हम सीखते जाते हैं।

जैसा कि पहले ही कहा जा चुका है बच्चों को डराकर, धमकाकर, मजाक उड़ाकर, अपमानित कर किसी खास तरह का व्यवहार सीखने के लिए विवश करना आसान होता है। जब बच्चे को लगातार इस तरह की परिस्थिति का सामना करना पड़ता है तो वह तेजी से व्यवहार को बदलना सीख जाता है ताकि उसे अप्रिय परिस्थिति से होकर गुजरना न पड़े। इस तरह के अनुभव से ही हम आदत सीखते जाते हैं।

बचपन में खुद के बचाव के लिए हमें कुछ सबक सीखने ही होते हैं।

इस उदाहरण को देखिए:

यातायात के नियम

हर देश और समाज में यातायात के नियमों और चौराहे की बत्तियों की मदद से बच्चों को सड़क पार करने का तरीका सिखाया जाता है। क्यों? चूंकि बच्चे यातायात के बारे में ठीक से नहीं जानते, उन्हें इस बात का अंदाजा नहीं होता कि दुर्घटना हो सकती है या उन्हें चोट पहुंच सकती है। केवल वयस्कों को ही इस बात की जानकारी होती है, बच्चे दूरी और गति के समीकरण को नहीं समझते हैं। माता-पिता और शिक्षक इस बात को समझते हैं और बच्चों की सुरक्षा के लिए अपनी चिंता को देखते हुए वे उन्हें यातायात के नियम सिखाते हैं।

बच्चों को सिखाया जाता है: "सड़क पार करने से पहले दाएं देखो, फिर बाएं देखो, फिर दाएं देखो, अगर कोई वाहन नजर नहीं आए तो तेज कदमों के साथ सड़क पार करो, दौड़ो मत।" यह बहुत ही उपयोगी नियम है और इस नियम को नन्हें मस्तिष्क में बार-बार डाला जाता है। इस तरह बच्चे इस नियम को सीख जाते है। इसके बाद जब भी वे सड़क पार करने लगते हैं तो

उनके दिमाग पर यही नियम प्रभावी रहता है।

आप सभी ने बचपन में यातायात के नियमों को सीखा होगा जिनकी मदद से सुरक्षित तरीके से सड़क को पार किया जा सकता है। बाद में हमेशा आप उन नियमों का पालन करते रहे हैं।

जब तक आप बड़े नहीं हो जाते। जब तक आप यातायात की बारीकियों को और सड़क को पैदल तेजी से चलते हुए या दौड़ते हुए या धीरे-धीरे कदम बढ़ाकर पार करने से जुड़े जोखिम को समझने नहीं लगते। तब आपको लगता है कि सड़क पार करने के दूसरे विकल्प भी हो सकते हैं। जब आप समझदार हो जाते हैं तब आपको लगता है कि जरूरी नहीं कि बचपन में सिखाए गए सभी नियमों का निष्ठापूर्वक पालन किया जाए। तब आप अपनी आदत को बदल देते हैं।

लेकिन, भावनात्मक आदत को बदलना अधिक कठिन होता है। जब आप अपनी दिशा में किसी कार को आते हुए देखेंगे तो आप खुद से कह सकते हैं, ''इसकी रफ्तार उतनी तेज नहीं है और इसके करीब आने से पहले मैं पैदल चलकर सड़क को पार कर लूंगा, और तेजी से निर्णय लेकर दौड़ते हुए आप सड़क को पार कर लेते हैं। लेकिन जब आप बाहरी यातायात की जगह आंतरिक भावनात्मक दबाव का सामना कर रहे होते हैं उस समय आदत को तोड़ पाना आसान नहीं होता। जीवन में जिस तरह के विकल्पों को आप चुनते रहते हैं, उनकी तुलना में भावनात्मक विकल्पों के सामने चयन करना आपके लिए कठिन होता है।

विकल्प अभ्यास संख्या 2

जरा हाल के दिनों की किसी ऐसी घटना को याद करें जब आप जागरुक होकर जानते थे कि आपको कोई निश्चित काम करना है और जब चयन का वक्त आया तो आपने कोई दूसरा काम किया। क्या हुआ? क्या आपने वैकल्पिक चयन पर सोच-विचार किया? क्या आपने इसके बारे में कोई बात की? क्या आपने खुद से इसके बारे में विचार किया? अंत में जाकर आपने दूसरे कार्य का चयन किस तरह कर लिया?

अब आप विकल्प अभ्यास संख्या 1 की तरफ जाइए जब एक बच्चे के रूप में जागरुकता के साथ आपने एक विकल्प को चुना था। क्या दोनों के

बीच किसी तरह की समानता है? क्या दोनों से जुड़ी अनुभूतियां एक जैसी हैं? और सबसे महत्वपूर्ण बात यह है कि क्या आपको ऐसा महसूस होता है कि असल में आपके सामने कोई विकल्प था ही नहीं?

इसीलिए आवश्यक है कि हम भावनात्मक दबाव और आदतों से छुटकारा पाएं। ●

संभव है व्यवहार में परिवर्तन

अगर आप अपने जीवन को बदलना चाहते हैं तो परिणाम का डर चुनौती के रूप में आपके सामने आ सकता है। जैसा आप मानते हैं कि परिणाम घातक होंगे, मगर हकीकत में वैसा होता नहीं। केवल आपकी धारणा ही आपको भयभीत बनाती है।

ज्यादातर परिस्थितियों में जरूरत से ज्यादा भले लोग जो प्रतिक्रिया व्यक्त करते हैं वह निश्चित मात्रा से ज्यादा होती है। ऐसा तब होता है जब हमारा दिमाग 'न' कहना चाहता है और हमारे मुंह से 'हां' निकलता है। यही वजह है कि हमारे दिमाग में लंबा वार्तालाप होता है, हम एक से बढ़कर एक जवाब की तलाश करते हैं और अपने आपसे जूझते हैं और खुद को कुछ भी कह पाने की स्थिति में नहीं पाते हैं।

परिणाम का डर

एक तरफ हमारे दिमाग में सटीक बातें कहने का विचार कौंधता हैं। जब कोई हमसे कुछ कह रहा है तो प्रतिक्रिया के रूप में हमारे भीतर झुंझलाहट पैदा होती है या जब हम चिल्लाना चाहते हैं, "यह उचित नहीं है", तब हमारे आवेग रणक्षेत्र में पहुंच जाते हैं और हमारे दिमाग का नियंत्रण अपने हाथ में ले लेते हैं। वैसी स्थिति में हम जो कहना चाहते हैं उसे कहने की क्षमता खो बैठते हैं।

उसकी जगह हम पंगु जैसे बन जाते हैं, या हिचकिचाते हैं या हमारे दिमाग में जो जवाब रहता है हम ठीक उसके विपरीत बोलते हैं। जैसा हम सोचते रहते हैं वैसा कह देने की कल्पना करते हुए हम घातक परिणामों की चिंता से घबरा जाते हैं। हमें लगता है कि हमें नौकरी से निकाल दिया जाएगा, हमारा जीवनसाथी हमें छोड़कर चला जाएगा, हमारे माता-पिता या अन्य रिश्तेदार हमे कभी माफ नहीं करेंगे, हमारे प्रिय मित्र हमसे कोई नाता नहीं रखना चाहेंगे।

हम दूसरे व्यक्ति की भावनाओं को आहत करने या चोट पहुंचाने की कल्पना करते हैं। हम कल्पना करते हैं कि दूसरे लोग हमें मूर्ख, विचारहीन, कठोर, रुखा, हृदयहीन, मतलबी या दयनीय समझेंगे। हम कल्पना करते हैं कि दूसरे लोग हमें स्वीकार नहीं कर पाएंगे, वे हम पर हंसेंगे या हमें अपमानित करेंगे, वे नाराज हो जाएंगे। चूंकि हम दबकर जीते हैं और हमेशा खराब स्थिति की अपेक्षा रखते हैं, इसीलिए वैसे परिणाम को रोकने के लिए हम कुछ भी करने के लिए तैयार रहते हैं, जिसमें खास तौर पर जो कहा जाना चाहिए, वह कहने से बचते हैं।

जो होता है, वह एक किस्म का भावनात्मक काल्पनिक जगत होता है। बुरे परिणाम की कल्पना हमें परिस्थिति को स्पष्ट रूप से देखने नहीं देती। जो घटित हो रहा है उसके प्रति तर्कसंगत बर्ताव के रास्ते में अत्यधिक मात्रा में अनुभूतियां उमड़ पड़ती हैं।

तब हम प्रभावशाली और स्वाभाविक तरीके से प्रतिक्रिया व्यक्त नहीं कर पाते चूंकि परिणाम का डर हमारे ऊपर हावी रहता है। परिणाम का डर हमें बंधन में रखता है। हम खुद को असुविधाजनक परिस्थिति को बदल पाने में असमर्थ महसूस करते हैं, क्योंकि हम पहले ही कल्पना कर चुके होते हैं कि जैसा हम सोचते हैं या महसूस करते हैं, वैसा कह देने से कितने बुरे नतीजे सामने आ सकते हैं।

अब यह संभव है कि इन पंक्तियों को पढ़ते हुए आप कहें, ''लेकिन ऐसा कर पाना संभव हो सकता है।'' आप इस संबंध में कुछ उदाहरण भी दे सकते हैं कि किस तरह आपको नौकरी से हाथ धोना पड़ा, कैसे आपकी माशूका आपका दामन छोड़कर चली गई या कैसे आपकी चाची ने आपसे बात करना छोड़ दिया। आप ऐसी किसी घटना को भी याद कर सकते हैं जब आपने अपने दिल की बात कही थी तो किसी का चेहरा आंसुओं से सराबोर हो गया था।

हां, आप सही हैं। ऐसा संभव हो सकता है। कई बार अजीब बातें होती हैं। कई बार बुरी से बुरी संभावित घटना में हमें केन्द्रीय किरदार के रूप में रखा जाता है। कई बार हमें फटकारा जाता है, अपमानित किया जाता है, अस्वीकार किया जाता है या हताशा में डूबने के लिए मजबूर कर दिया जाता है। कई बार हमें अपने हाल पर छोड़ दिया जाता है। हमें नजरअंदाज किया जाता है, पदोन्नति के समय हमारा ध्यान नहीं रखा जाता, पीठ पीछे हमारी निंदा की जाती है। लेकिन, जरूरत से ज्यादा भले लोग हमेशा इस डर के साए में जीते रहते हैं कि उन्हें बुरे नतीजे का ही सामना करना पड़ेगा।

इस पुस्तक में जिक्र किया गया है कि बचपन में अपना बचाव करने के लिए हम किस तरह ग्रहण करने की क्षमता विकसित कर लेते हैं और खतरा को पहले से भांपकर बचाव की तैयारी में जुट जाते हैं? बचपन का वह सुरक्षा के लिए चौकन्ना बालक बालिग होने पर भी हमारे भीतर काम करता रहता है।

इस तरह हमारे भीतर एक किस्म का चौकन्ना स्वभाव विकसित होता है जो संभावित खतरे को भांपने के लिए हर समय सतर्क बना रहता है। इसका अर्थ है हमेशा कुछ घटित होने के लिए खुद को तत्पर रखना, जिसमें तिरस्कार, शर्म, निराशा या चोट शामिल हैं। इसका अर्थ है हम यह सोचते रहते हैं कि क्या होने वाला है और संभावित नतीजे क्या हो सकते हैं।

जरूरत से ज्यादा भले आदमी के लिए इस तरह की सोच रखना सामान्य बात होती है, ''मैं ऐसा ही हूं।'' इस तरह के विचार से आपके जीवन में संभावनाओं के लिए जगह घट जाती है, इससे आपके विकल्पों की संख्या सीमित हो जाती है चूंकि आप पहले से ही परिणाम के बारे में निर्णय ले चुके होते हैं। जब आप संभावित खतरों से बचाव की मुद्रा में काम करेंगे तो आप चिंता और परेशानी से बुरी तरह उलझे रहेंगे।

इस तरह की रक्षात्मक मुद्रा आपके स्वाभाविक स्वभाव की हत्या कर देती है। यह आपकी क्षमता के दरवाजे बंद कर देती है और आपके विवेक का गला

घोंट देती है। सबसे बुरी बात यह होती है कि जब आप स्वाभाविक गुणों से लैस नहीं रहते तब मौका आने पर घातक परिणामों का असरदार तरीके से सामना भी नहीं कर पाते। जबकि जो होने वाला है उसकी चिंता में आप ज्यादातर समय व्यतीत करते रहते हैं, और इस बीच कठिन परिस्थितियों से निबटने की अपनी स्वाभाविक क्षमता को भी खो बैठते हैं। इसका मतलब है कि आप जब भी डर और आशंका के साथ प्रतिक्रिया व्यक्त करते हैं तो आपके भावनात्मक संसाधनों में कटौती होने लगती है।

एक स्तर पर यह विरोधाभास पूर्ण नजर आता है। अगर आप पूरी तरह सतर्क हैं तो आपकी अनुभूतियां आपको खतरे के बारे में सजग कर देंगी और असरदार तरीके से आप खतरों से निबट पाएंगे। मगर वास्तव में ऐसा होता नहीं है।

इस दौरान केवल यही होता है कि आपकी अच्छी तरह बुनी गई भावनात्मक प्रक्रिया सामने आती है जो हर नई परिस्थिति में अपने आपको दोहराती रहती है। आपके मन में अतीत के परिणाम का अपमानजनक अनुभव मौजूद रहता है। यही वजह है कि आप स्वाभाविक रूप से प्रतिक्रिया व्यक्त नहीं कर पाते। अगर अतीत के बुरे अनुभवों के आधार पर आप प्रतिक्रिया व्यक्त करते रहेंगे तो वर्तमान की परिस्थिति को स्पष्ट रूप से देख पाना आपके लिए संभव नहीं होगा।

कई बार हम सोचते हैं कि हम सभी संभावित भावनात्मक कठिनाइयों का सामना करने के लिए तत्पर रह सकते हैं। लेकिन ऐसा मुमकिन नहीं होता। ऐसी परिस्थितियों में पहले हमारे विकल्प क्या थे, उनकी तरफ से ध्यान हटाकर नई परिस्थितियों पर ध्यान केंद्रित करना सही तरीका हो सकता है।

इस उदाहरण को देखिए:

अनामिका योगा टीचर है जो ग्राहकों को उनके घरों में जाकर योगा का प्रशिक्षण देती है। वह ग्राहकों से मिलने वाले शुल्क के सहारे अपने परिवार की जीविका चलाती है। उसका स्वभाव जरूरत से ज्यादा भला है इसीलिए बीच-बीच में उसे काफी कठिनाइयों का सामना करना पड़ता है। वह अपने ग्राहकों से महीने के अंत में पैसे नहीं मांग सकती। इतना ही नहीं, अगर कोई ग्राहक योगा प्रशिक्षण कार्यक्रम में देर से शामिल होता है तो वह पूरे एक घंटे का प्रशिक्षण देने के लिए अपना अतिरिक्त समय खर्च करती है और इसके लिए अलग से कोई शुल्क नहीं मांगती।

अनामिका जब छोटी थी तभी उसका स्वभाव ऐसा हो गया था चूंकि परिवार में शासन करने वाले सदस्य के रवैए ने उसे आतंकित कर दिया था। उसे तीन साल की उम्र में होस्टल में भेज दिया गया था जहां बड़े बच्चों का बोलबाला था। वह विरोध करने पर दंड भुगतने और अस्वीकृत होने के डर को महसूस करती थी। इसीलिए उसने भली लड़की का स्वभाव ग्रहण कर लिया था ताकि उसे मुश्किलों का सामना नहीं करना पड़े।

असली समस्या यह होती है कि बचपन में दिमाग पर हावी होने वाला डर वयस्क होने पर भी व्यक्ति का साथ नहीं छोड़ पाता। दूसरे मामलों में अनामिका को इतनी परेशानी नहीं होती थी, लेकिन पेशागत मामलों में उसका आत्मविश्वास डगमगाने लगता था।

बाहर से दोस्तों के लिए यह कहना आसान था, "तुम्हारी दिक्कत क्या है? लोगों से समय पर पैसे मांग लो। यह तो तुम्हारी मेहनत का पैसा है।" भीतर से अनामिका के लिए पैसा मांगना कठिन काम था, चूंकि बचपन से उसने जो नियम अपनाए थे, पैसा मांगना उन नियमों को तोड़ने के समान हो सकता था। वह अपने ग्राहकों के साथ वैसा ही बर्ताव कर रही थी जैसा बर्ताव वह बचपन में परिवार पर शासन करने वाले व्यक्ति साथ करती थी। यानी उसके मन में डर का वर्चस्व बना हुआ था।

अनामिका की अनुभूतियां उसके लिए असली अनुभूतियां थीं। उसे ग्राहकों से अलग भय की अनुभूतियों से निपटने की जरूरत थी। उसके ग्राहक उसे किसी भी हालत में डराने वाले नहीं थे। वे भुगतान करने में थोड़ा वक्त लेते थे चूंकि अनामिका कभी उनसे पैसे की मांग नहीं करती थी, वह अतिरिक्त समय के लिए कभी अलग से पैसे नहीं मांगती थी। ग्राहक उसका फायदा उठा रहे थे। लेकिन वे बुरे नहीं थे।

परिणाम का डर समीकरण का आधा हिस्सा होता है जो स्वाभाविक गुणों को अवरुद्ध करता है। समीकरण का दूसरा हिस्सा इस तरह है:

पहले कल्पना की जाती है, फिर उसे ही सच मान लिया जाता है

एक हद तक ज्यादातर लोग अपने दिमाग में किसी स्थिति का काल्पनिक चित्र बना लेते हैं। फिर उसी को सच मानने लगते हैं। जरूरत से ज्यादा भले लोग परिणाम के भय के आधार पर किसी परिस्थिति का आकलन करते हैं, फिर वे जो व्यवहार चुन लेते हैं उसी को सच भी मान लेते हैं।

इस उदाहरण को देखिए:

सुभाषिनी 35 साल की युवती हैं और अपने माता-पिता की इकलौती संतान है। उसके माता-पिता बूढ़े हो चुके हैं। एक कंपनी में ऊंचे पद पर काम करने वाली सुभाषिनी विवाह के प्रस्तावों को यह कहकर टालती रही है कि अभी विवाह के लिए उसके पास फुरसत नहीं है और एक-दो वर्ष के बाद ही वह विवाह के बारे में सोचेगी। वह बड़े शहर में नौकरी करती है और अकेली रहती है। उसके माता-पिता एक छोटे शहर में रहते हैं। वह महीने में दो रविवार अपने माता-पिता के साथ गुजारती है। उसे माता-पिता के साथ छुट्टी गुजारना अच्छा लगता है। उसकी कई अन्य रुचियां हैं और कई सहेलियां भी हैं।

हर साल नीना, जो सुभाषिनी की सहेली है और शादीशुदा हैं, नव वर्ष का दिन अपने साथ गुजारने के लिए सुभाषिनी को आमंत्रित करती है। नीना का परिवार बड़ा है जो एक पहाड़ी शहर में रहता है और वहां जाकर रहना सुभाषिनी को अच्छा लगता है।

लेकिन हर साल सुभाषिनी नव वर्ष की पार्टी में आने से इनकार कर देती है। वह कहती है कि अगर वह नव वर्ष के दिन अपने माता-पिता के साथ नहीं रहेगी तो वे बुरा मान जाएंगे, चूंकि उसके माता-पिता नव वर्ष के जश्न की काफी तैयारी करते हैं और इस अवसर पर उसकी मां उसकी पसंद का खाना बनाती है। नीना ने कई तर्क दिए: एक साल अगर तुम नहीं जाओगी तो कोई खास फर्क नहीं पड़ जाएगा, तुम तो हर महीने दो दिन उनके साथ समय गुजराती ही हो, तुम्हारे माता-पिता बुरा नहीं मानेंगे, तुम उनसे पूछकर उनकी राय क्यों नहीं जान लेती।

लेकिन नहीं, सुभाषिनी के मन में प्रतिरोध का स्वर उभरने लगता है। माता-पिता बूढ़े हो रहे हैं, हो सकता है इस साल की दावत उनके लिए आखरी दावत हो, वे उसके ऊपर किस कदर निर्भर करते हैं।

एक साल नीना और उसके पति ने सुभाषिनी पर दबाव बनाया कि उसे नव वर्ष की पार्टी में उनके पास जाना ही होगा, अगर वह नहीं आएगी तो नीना उसके साथ वर्षों की अपनी दोस्ती खत्म कर देगी।

सुभाषिनी दुविधा में फंस गई। एक तरफ उसकी सहेली का बुलावा था, जिसे वह दिल से स्वीकार करना चाहती थी। दूसरी तरफ उसकी अपनी चिंता थी कि उसके माता-पिता बुरा मान जाएंगे अगर नव वर्ष के दिन वह उनके

साथ मौजूद नहीं रहेगी। उसने इस मसले पर नीना और दूसरी सहेलियों से घंटों फोन पर बात की और उन्हें बताया कि वह कैसी दुविधा का सामना कर रही है। उसने सभी तर्कों का सहारा लिया। मगर उसकी सहेलियों ने उसकी दुविधा के लिए उसे ही जिम्मेदार ठहराया।

सभी ने उसे यही सलाह दी कि वह अपने माता-पिता से पूछ सकती है और उनकी इजाजत लेकर नीना के घर जा सकती है। ''मैं ऐसा नहीं कर सकती। वे समझेंगे कि नववर्ष के दिन मैं उनके साथ नहीं रहना चाहती। इस तरह वे बुरा मान जाएंगे।''

आखिरकार, सुभाषिनी जब दबावों से घिर गई तो नव वर्ष से पहले एक रविवार को कांपती आवाज और थरथराते पैरों के साथ अपने माता-पिता से पूछ लिया कि उसकी कोई सहेली शायद नव वर्ष की पार्टी में उसे अपने घर आमंत्रित करना चाहती है। अगर वह सहेली के घर जाएगी तो क्या उन्हें कोई परेशानी होगी। अगर परेशानी होगी तो जाने का इरादा वह टाल सकती है क्योंकि अभी तक कुछ निश्चित नहीं है।

उसके माता-पिता की क्या प्रतिक्रिया हुई? ''हमें हमेशा यह सोचकर हैरानी होती रही है कि तुम्हारी जैसी जवान लड़की नए साल की पार्टी हर साल हमारे साथ ही क्यों मनाती है। तुम्हें तो वर्षों पहले अपनी सहेली के घर जाने का फैसला करना चाहिए था। तुम्हें अपने पास पाकर हमें खुशी होती है लेकिन हम यह भी चाहते हैं कि तुम अपनी सहेलियों से भी मिलती रहो।''

कितने वर्षों तक सुभाषिनी ने खुद को अपनी मर्जी से नीना के घर नव वर्ष की पार्टी में शरीक होने से रोके रखा चूंकि उसे डर था कि अगर नव वर्ष के दिन वह अपने माता-पिता के पास नहीं रहेगी तो वे बुरा मान जाएंगे? असल में उसने माता-पिता की प्रतिक्रिया की कल्पना अपने मन में कर रखी थी और उसी कल्पना के आधार पर अपने निर्णय लेती रही थी।

सुभाषिनी ने अपने विकल्पों को सीमित कर लिया था चूंकि उसने खुद को यकीन दिया रखा था कि उसकी धारणा सही है, जबकि उसने पहले एक बार भी अपने माता-पिता की राय नहीं पूछी थी कि ऐसी परिस्थिति में वे कैसा महसूस करेंगे।

इस उदाहरण को देखिए:

राजू एक युवा सेल्समेन है जो उत्साही और महत्वाकांक्षी भी है। यही वजह है कि जिस बिजली के सामानों की दुकान में वह काम करता है। वहां

उसे अच्छा वेतन देकर रखा गया है। दुकान के मालिक को उसका जोश और ग्राहकों के साथ उसका बर्ताव पसंद है।

दूसरी तरफ राजू जब किसी ऐसे व्यक्ति से मिलता है जो उससे बेहतर और ज्यादा स्मार्ट हो तो उसे परेशानी होती है, जैसे उदाहरण के तौर पर उसका मालिक है।

वह आगे बढ़ने में विश्वास करता है और इसका एक ही तरीका उसकी समझ में आता है कि उसे अपने मालिक को खुश रखना पड़ेगा और किसी तरह की गलती करने से बचना होगा। इसीलिए जब उसके मालिक सोहनलाल ने एक दिन आकर उससे पूछा कि कुछ जरूरी काम के लिए क्या वह देर तक दुकान में रूक सकता है, तब राजू ने कहा कि उसे रूककर खुशी मिलेगी, चूंकि शाम के वक्त उसे कोई खास काम नहीं करना है।

अगले सप्ताह भी उससे देर तक रुकने के लिए कहा गया ताकि हिसाब के कार्य में वह मदद कर सके। उसने फिर कहा कि उसे कोई परेशानी नहीं होगी- और यही सिलसिला चलता रहा। अक्सर सप्ताह में एकबार और कभी-कभी एक से अधिक बार उसे देर तक ठहरना पड़ता। राजू के दोस्त उससे पूछने लगे कि क्या उसे ओवरटाइम के लिए अलग से पैसा मिलता है, वह यही जवाब देता कि उसने कभी ओवर टाइम का पैसा नहीं मांगा है- वह तो अपना काम समझकर देर तक दुकान में रुक जाता है। उसके दोस्त उसकी बात से सहमत नहीं होते थे।

पहली बार उसे तब परेशानी का सामना करना पड़ा जब वह एक दोस्त के जन्मदिन की पार्टी में शामिल नहीं हो सका, क्योंकि मालिक ने उसे दुकान में देर तक रुकने के लिए कहा था। उसने अपने आपको तसल्ली दी कि पार्टी में नहीं आने के लिए वह अपने दोस्त से माफी मांग लेगा और उसे कोई अच्छा या तोहफा खरीद कर दे देगा।

दूसरी बार उसे तब परेशानी हुई जब वह अपने दूर के एक रिश्तेदार के विवाह कार्यक्रम में शामिल नहीं हो पाया। अब राजू को परेशानी होने लगी कि वह किसी से कोई वादा नहीं कर सकता क्योंकि उसका मालिक कभी भी उससे दुकान में देर तक रुकने के लिए कह सकता है?

समय गुजरता गया और राजू ने गौर किया कि उसके दोस्त उसे किसी कार्यक्रम में अब नहीं बुलाते थे। जब उसने उनसे कारण पूछा तो उन्होंने बताया कि उसे बुलाकर कोई फायदा नहीं, क्योंकि वह अक्सर आखिरी पलों

में देर तक काम करने की बात कहकर किसी कार्यक्रम में भाग नहीं ले पाता।

राजू की परेशानी तब और बढ़ गई जब उसकी दोस्ती एक लड़की के साथ हुई और वह उसे साथ लेकर घूमने लगा। पहले लड़की ने उसकी महत्वाकांक्षा की तारीफ की और कई बार देर तक काम करने के चलते मुलाकात के समय में बदलाव को भी उसने स्वीकार किया। लेकिन जब यही सिलसिला चलता रहा तो लड़की ने महसूस किया कि राजू के साथ सब कुछ ठीक-ठाक नहीं हो रहा है।

"तुम छह महीने से इसी तरह ओवर टाइम कर रहे हो और इसके बदले तुम्हें कोई पैसा नहीं दिया जा रहा है? यह तो तुम्हारी मूर्खता है। कम से कम तुम अपना वेतन बढ़ाने या पदोन्तति करने की मांग तो कर ही सकते हो।"

"मैं ऐसा नहीं कर सकता। अगर सोहनलालजी मेरा वेतन बढ़ाना चाहते तो अब तक जरूर मेरा वेतन बढ़ गया होता। वे चाहते हैं कि देर तक मैं दुकान में मौजूद रहूं और अगर मैं इनकार कर दूंगा तो मेरी तरह कई लड़के बाहर बेरोजगार घूम रहे हैं, वे किसी को भी मेरी जगह रख लेंगे।"

"कैसी अजीब बातें कर रहे हो? तुम उनसे मांग कर सकते हो। मांग करने की वजह से वे तुम्हें नौकरी से निकाल नहीं देंगे। यह बात तुम भी समझ सकते हो।"

"नहीं, ऐसा करने पर वे मुझे गलत समझ सकते हैं। तब वे मुझे बिलकुल पसंद नहीं करेंगे। वे वैसे भी मेरे साथ खुलकर बात नहीं करते और उनके चेहरे पर हमेशा गुस्से का भाव रहता है।"

राजू जहां यह भी जानता है कि उसका मालिक क्या सोच रहा है, वहीं यह भी जानता है कि उसका मालिक क्या करने वाला है। उसने पूरी परिस्थिति की काल्पनिक तस्वीर मन में बना रखी है। वह यह सब कैसे जानता है? उसने सोहनलाल से कभी वेतन बढ़ाने के बारे में बात नहीं की है, उसने कभी देर तक काम करने के बारे में अपना विरोध सोहनलाल के सामने व्यक्त नहीं किया है।

वह अत्यधिक सतर्कता की स्थिति में जी रहा है। वह बुरे परिणामों के बारे में बता चुका है और वह यह मानकर चल रहा है कि उसका मालिक उसके बारे में सोचता रहता है और वह यह भी जानता है कि उसका मालिक उसके बारे में कैसा महसूस करता है। और ऐसी ही भ्रांतियों को मन में बिठाकर राजू नौकरी कर रहा है। वह ओवरटाइम का पैसा नहीं मांगता चूंकि उसे लगता

है कि ओवरटाइम करना उसका दायित्व बनता है, और वह यह भी सोचता है कि अगर वह ओवरटाइम के बदले पैसे की मांग करेगा तो उसे नौकरी से निकाल दिया जाएगा। वह यह भी कल्पना कर चुका है कि उसका मालिक उसे पसंद नहीं करता और इसीलिए वह विरोध जताने की कोई कोशिश नहीं करता।

अपने डर के प्रभाव के कारण राजू कभी यह सोच भी नहीं सकता कि उसका मालिक उसके जैसे ऊर्जावान कर्मचारी को पाकर प्रसन्न भी हो सकता है जो व्यवसाय की बारीकियां सीखने में इतनी मेहनत करता है। वह एक चतुर व्यवसायी है और अगर राजू मुफ्त में मेहनत कर रहा है तो उसे इससे खुशी ही मिलती है। वह यह मानकर चल रहा है कि जब तक राजू अपनी तरफ से वेतन बढ़ाने की मांग नहीं करता, तब तक वह वेतन नहीं बढ़ाएगा। लेकिन वह यह तय कर चुका है कि इस बार दीवाली के के मौके पर राजू को वह अच्छा बोनस देगा। असल में वह राजू को पसंद करता है और चाहता है कि राजू लंबे समय तक उसके साथ काम करे, उसे यह पता ही नहीं कि राजू सोचता है- मालिक उसे पसंद नहीं करता। राजू सोचता है कि उसका मालिक हमेशा गुस्से में रहता है जबकि राजू के ज्यादातर सहकर्मी जानते हैं कि हमेशा व्यस्त रहने के कारण मालिक का चेहरा गंभीर बना रहता है।

राजू ने अपनी प्रेमिका के समझाने पर एक दिन मालिक से बात की। तब उसे पता चला कि उसकी धारणाएं कितनी गलत थीं। अगर वह लंबे समय तक दुविधा में ही रहता और मालिक से बात नहीं करता तो शायद नौकरी छोड़कर जाने का फैसला कर चुका होता है। तब वह कभी नहीं जान पाता कि अपने मन में जिस तरह की काल्पनिक तस्वीर बना रखी थी। हकीकत उसके ठीक विपरीत थी।

इसका निहितार्थ है जब आप कल्पना करते हैं और अपनी गलत धारणाओं के आधार पर व्यवहार करने लगते हैं तो आपका दिमाग एक भ्रामक स्थिति का निर्माण करता है जो आपके लिए खतरनाक हो सकता है।

ऐसा समस्या से निजात पाने के लिए जरूरी है कि आप दूसरों की नजर से भी समस्या को देखने की कोशिश करें। आपके विचार अपने होते हैं। दूसरे आपके विचार की पड़ताल कर तटस्थ राय जाहिर कर सकते हैं। दूसरों की राय के आधार पर आप अपने विचार का विश्लेषण कर सकते हैं।

इस तरह से इस मसले की तरफ देखना शायद आपको जटिल लग सकता है। आपका अस्थिर दिमाग जहां आपके वर्तमान नजरिए को प्रतिबिंबित करता है, वहीं दूसरे व्यक्ति के साथ वार्तालाप को भी यह आपके भय की कसौटी पर परखता है। उस समय वह हकीकत की तरफ गौर करना जरूरी नहीं समझता।

अगर हम दूसरों की राय जानने के बाद परिणाम से डर जाएंगे तो निश्चित रूप से हम चिंता और परेशानी से अपने आपको घेर लेंगे। जरूरत से ज्यादा भले लोग विकल्पों की तरफ ध्यान नहीं दे पाते, उन्हें हमेशा अपने मस्तिष्क के दबाव को बर्दाश्त करना पड़ता है।

अपनी अनुभूतियों की पहचानें

जैसा कि पहले भी चर्चा की जा चुकी है हर व्यक्ति अपने विशिष्ट अंदाज में भले व्यवहार को ग्रहण करता है, इसीलिए हर व्यक्ति अलग-अलग परिस्थितियों में भिन्न तरीके से प्रतिक्रिया व्यक्त करता है, पुस्तक में दी गई घटनाओं से आप कुछ प्रवृत्तियों को चिर-परिचित महसूस कर सकते हैं, लेकिन आपकी अनुभूतियां आपकी अपनी होती हैं और आपका व्यवहार भी आपका अपना व्यवहार होता है।

यहां अनुभूतियों की पहचान के बारे में बताने की कोशिश की गई है। जब आप शराफत का बर्ताव कर रहे होते हैं तो आपके मन में पैदा होने वाली अनुभूतियां, विचार और आपकी शारीरिक प्रतिक्रिया किस तरह की होती है, उसकी यहां चर्चा की गई हैं। नीचे दो आसान अभ्यास दिए जा रहे हैं जिनकी सहायता से आप इस तरह की अनुभूतियों की पहचान कर सकते हैं।

अच्छा/बुरा अभ्यास संख्या 1

इससे पहले कि आप शुरुआत करें, क्या शीर्षक को पढ़कर आपके मन में कोई प्रतिक्रिया हुई है, इस बात पर एक पल के लिए गौर करें।

आप यह अभ्यास अकेले कर सकते हैं या अन्य व्यक्तियों के साथ रहते हुए भी कर सकते हैं, भले ही आप उन्हें जानते हों या नहीं। चूंकि सबकुछ आपके मस्तिष्क में ही घटने वाला है। अगर आप अकेले हैं तो कल्पना करें कि आप दो व्यक्तियों के बीच बैठे हुए हैं। वे कोई भी हो सकते हैं- ऐसे लोग जिन्हें आप जानते हैं या जिन्हें आप नहीं जानते। अगर आप बस में जा रहे हैं या किसी दफ्तर में बैठे हैं तो अपने अगल-बगल खड़े या बैठे व्यक्तियों की

तरफ देखें। विचार यह है कि आपके मस्तिष्क में दो व्यक्तियों की मौजूदगी होनी चाहिए, आपके दोनों तरफ एक-एक व्यक्ति।

आप चाहे अकेले हों या लोगों के बीच, अब आपको यह सोचना है कि दाईं तरफ के व्यक्ति से आपको कोई अच्छी बात कहनी है, दूसरे शब्दों में आप उसकी सराहना करें और कल्पना करें कि आप उनसे सीधे तेज स्वर में ऐसा कह रहे हैं। गौर करें कि आपको कैसा महसूस होता है। क्या किसी की सराहना करना आपके लिए आसान बात थी? क्या आपने पहले कुछ सोचा और फिर उसे कहने का विचार बदल लिया चूंकि आपको लगा कि अगर आप तेज आवाज में ऐसा कहेंगे तो वह व्यक्ति विश्वास नहीं करेगा? अगर आपके पास अवसर हो तो मन के भीतर उमड़ने वाली कुछ अनुभूतियों के बारे में लिख लें।

गौर करें कि क्या आपकी कोई शारीरिक प्रतिक्रिया हुई। क्या आपके दिल की धड़कन तेज हो गई या आपने खुद को मुस्कराता हुआ पाया चूंकि आप किसी से अच्छी बात कह रहे थे? क्या आपके भीतर जीवंत अनुभूति पैदा हुई या आपने जितनी जल्दी हो सके उतनी जल्दी सराहना के शब्दों को बोल देने की कोशिश की?

आप अपने बाईं तरफ के व्यक्ति के बारे में कल्पना करें और सोचें कि उससे कुछ बुरा कहना है, दूसरे शब्दों में उसे अपमानित करना है। कल्पना करें कि आप तेज आवाज में सीधे उससे कह रहे हैं। गौर करें कि इस बार आपके ऊपर कैसी प्रतिक्रिया हुई है। क्या आपको हिचकिचाहट महसूस हुई? क्या आपने कई शब्दों पर विचार किया और फिर उन शब्दों को कहने का इरादा बदल लिया चूंकि आपके लिए ऐसा कह पाना संभव नहीं था? क्या आप सोच रहे हैं, ''कैसा वाहियात अभ्यास है। मुझसे बुरा आदमी बनने के लिए कहा जा रहा है और दूसरे को अपमानित करने के लिए उकसाया जा रहा है?'' क्या आप सोचते हैं, 'मैं कभी किसी से इस तरह की बात नहीं कह सकता, कहने का मतलब ही क्या है?'' क्या आप सोचते हैं, ''जिस व्यक्ति को मैं जानता भी नहीं उससे बुरी बात कहने के बारे में मैं सोच भी नहीं सकता,'' या ''मैं किसी परिचित व्यक्ति से बुरी बात नहीं कह सकता,'' क्या आपने खेल समझकर कई बुरी बातों की कल्पना की और सोचा कि वास्तव में आपको कुछ नहीं कहना है?

फिर, अगर संभव हो तो अपने अनुभव के बारे में लिख डालें। क्या आप अपने पेट में मरोड़ें महसूस कर रहे हैं? जब आप किसी को बुरी बात कहने

की कल्पना कर रहे थे तब क्या आपके चेहरे पर मुस्कराहट थी? क्या आप कुछ भी कहना नहीं चाहते थे? शायद इस अभ्यास के जरिए आपने एक किस्म की मानसिक यात्रा की होगी। क्या आपका गला सूख गया और आपने यह महसूस किया कि आपसे यह क्या करने के लिए कहा जा रहा हैं? क्या आप कोई अपमानजनक बात कहने में सक्षम होने के विचार से खुश हुए?

क्या आपने ऐसे कारणों की कोई लंबी सूची बनाई कि क्यों आपको यह अभ्यास नहीं करना चाहिए? क्या आप मन ही मन उन बातों का संशोधन कर रहे थे जिन्हें आप जरूरी या गैर-जरूरी समझते थे, जो बात किसी को चोट पहुंचा सकती थी या जो बात सुरक्षित हो सकती थी?

और क्या आप अपनी प्रतिक्रियाओं की कल्पना कर रहे थे? क्या आपने कल्पना की कि दूसरा आदमी नाराज, आहत, हताश और क्षुब्ध हुआ होगा? क्या आपने इस बात की कल्पना की कि दूसरा व्यक्ति आपके ऊपर शारीरिक या मौखिक रूप से आक्रमण कर सकता था? क्या आपने इस बात की कल्पना की कि दूसरा व्यक्ति स्तब्ध रह गया या बुरी तरह अपमानित हुआ? जो भी शारीरिक, भावनात्मक और मानसिक प्रतिक्रियाएं आपने महसूस की, उन्हें लिख डालें।

अच्छा/बुरा अभ्यास संख्या 2

अपने दिमाग में पिछली कोई ऐसी घटना याद करें जब किसी ने आपसे कुछ ऐसा कहा या ऐसा किया जिससे आप परेशान हो गए, नाराज हो गए या क्षुब्ध हो गए और फिर भी आप कुछ नहीं कर पाए, या तो आपने वैसे बर्ताव को स्वीकार कर लिया था सोचा कि यह आपकी ही गलती रही होगी और दूसरा व्यक्ति सही रहा होगा। शायद आप कुछ भी कर पाने में असमर्थ रहे होंगे।

याद करें कि उस समय आप कहां थे, आपने और दूसरे लोगों ने कैसे कपड़े पहन रखे थे, अगर वहां अन्य लोग भी मौजूद थे तो शारीरिक रूप से आप कहां थे, क्या उस समय दिन था या रात थी। आप अपने दिमाग में उस घटना को याद करते हुए सोच रहे होंगे कि भला होने के कारण जो आपके दिमाग में उस वक्त था, आप नहीं कह पाए।

क्या आपके दिल की धड़कन तेज हो गई थी? क्या आपका गला सूख गया था और पेट में दर्द शुरु हो गया था? क्या आप भीतर ही भीतर तकलीफ महसूस करने के बावजूद मुस्करा रहे थे? क्या आप किसी तरह की हिचकिचाहट महसूस कर रहे थे? क्या आपने कोई बेतुकी बात कही थी? क्या आपने सोचा था कि

दूसरा आदमी जो बर्ताव आपके साथ कर रहा था वह उचित था क्योंकि किसी न किसी रूप में गलती आपकी ही थी? क्या पल भर के लिए आपकी आंखों के सामने अंधेरा छा गया था और आप समझ नहीं पाए थे कि क्या हो रहा है? क्या आप पीछे हटते हुए जमीन की तरफ देख रहे थे?

क्या यह उन परिस्थितियों में से एक थी जैसा आपने दूसरे व्यक्ति के बारे में सोचा था और सच समझकर बर्ताव किया था? क्या आपने कल्पना की थी कि अगर आप बता दें कि आप क्या कहना चाहते हैं तो दूसरे व्यक्ति की कैसी प्रतिक्रिया होगी? अगर संभव हो तो इन तमाम अनुभूतियों को लिख डालें। क्या आपने स्वयं को उदास, हताश, निहत्था या कमजोर महसूस किया?

अब दृश्य की तरफ वापस जाइए और कल्पना कीजिए कि आप वह सारी बातें कह रहे हैं जो वास्तव में आप कहना चाहते थे, अपने दिल का बोझ हल्का कर देने से आपको राहत और खुशी महसूस हो सकती है, लेकिन क्या कोई अन्य अनुभूति भी महसूस हुई। क्या आपने खुद से कहा था, ''मैं कभी ऐसा नहीं कर सकता?'' आप इस बात की कैसी कल्पना करते हैं कि जब अपने दिल की बात किसी दूसरे व्यक्ति को बताएंगे तो उसकी क्या प्रतिक्रिया होगी?

अब दृश्य की तरफ वापस जाइए और कल्पना कीजिए कि आप वह सारी बातें कह रहे हैं, जो वास्तव में आप कहना चाहते थे। अपने दिल का बोझ हल्का कर देने से आपको राहत और खुशी महसूस हो सकती है, लेकिन क्या कोई अन्य अनुभूति भी महसूस हुई। क्या आपने खुद से कहा था, ''मैं कभी ऐसा नहीं कर सकता?'' आप इस बात की कैसी कल्पना करते हैं कि जब अपने दिल की बात किसी दूसरे व्यक्ति को बताएंगे तो उसकी क्या प्रतिक्रिया होगी?

जब आप पहचान कर लेते हैं कि आपके साथ क्या हुआ था, इस सूची के साथ तुलना करें, जब आपने किसी से कुछ बुरा कहने की कल्पना की थी। क्या उनमें कोई समानता नजर आती है? क्या प्रत्येक परिस्थिति में आपकी प्रतिक्रियाएं एक दूसरे से मिलती हैं? क्या वे बिलकुल भिन्न हैं?

आपको क्या हुआ है?

जब आप इस तरह के अभ्यास कर रहे होंगे, तब आपके मस्तिष्क में कई तरह की प्रतिक्रियाएं होंगी। हम पर कई तरह की अनुभूतियों का वर्चस्व कायम हो जाता है और लगता है कि उनका ही हम पर नियंत्रण है, हमारा उन पर नियंत्रण नहीं है। हमारा तर्कसंगत दिमाग जानता है कि हमारा बचाव करने के

लिए क्या करना चाहिए और हमारी देखभाल कैसे की जानी चाहिए, जबकि हमारी भावनाएं हम पर हावी रहती है? हमारी भावनाएं अक्सर हमारी इच्छाओं के विपरीत हम पर शासन करना चाहती हैं।

जब आप किसी ऐसी परिस्थिति में होते हैं कि जानते नहीं क्या करना चाहिए, तब अनिवार्य हो जाता है कि पहचान करें, आपको क्या हुआ है। अब आप क्या सोचते हैं कि आपके साथ कैसा होना चाहिए या किसी चीज के होने की आप ख्वाहिश रखते हैं, मगर वह हो नहीं पाती।

हम यह भी नहीं कहते कि आप बुरे व्यक्ति बन जाएं या बुरी बातें कहना सीख जाएं। तब आप जो हैं, ठीक उसके विपरीत बन जाएंगे। इन दोनों अभ्यासों को प्रस्तुत करने का उद्देश्य यही है कि कठिन परिस्थितियों में आप अपनी शारीरिक और भावनात्मक प्रतिक्रियाओं की पहचान कर सकें।

अगर इस ख्याल से ही आपके भीतर असुविधाजनक अनुभूतियां पैदा होती हैं कि आपने किसी को बुरी बात कह दी है, तो यह इस बात का स्पष्ट संकेत है कि आप लंबे समय से जरूरत से ज्यादा भले आदमी बने रहे हैं, आपको वास्तविक परिस्थितियां परेशान नहीं करतीं, केवल उनके बारे में सोच लेने से ही आप परेशान हो उठते हैं।

जब तक आप जान नहीं जाते कि आपका व्यवहार कैसा है तब तक उसे बदलने के लिए आप कुछ नहीं कर सकते। सभी प्रकार की शारीरिक, भावनात्मक और वैचारिक प्रतिक्रियाएं बता देती हैं कि आप क्या करते हैं। अपने व्यवहार की निगरानी करते हुए प्रभावशाली तरीके से बदलाव करने के लिए आप जागरुकता के साथ पहला कदम आगे बढ़ा सकते हैं।

ऊपर दिए गए अभ्यास के दौरान लोग जिस तरह के व्यवहार करते हैं, उनकी सूची नीचे दी गई हैं:

- मुस्कराना
- हिचकिचाना
- रोने की इच्छा
- ताली बजाना
- पैर हिलाना
- आंखों में नहीं झांकना
- शरमाना
- खांसना

- पेट दर्द महसूस करना
- सोचने में असमर्थ हो जाना
- शरीर का गर्म महसूस होना
- हिलना
- लड़खाना
- घबराकर हंसना
- मुंह छिपाना
- गला सूखना
- उंगली को दांतों से चबाना
- बेहोशी का भाव महसूस करना
- बातूनी हो जाना
- सिर हिलाना
- फर्श की तरफ घूरना

अक्सर आप शरीर की भाषा से भी दूसरों तक अपना संदेश पहुंचा देते हैं कि आप असुविधाजनक स्थिति में है। भले ही आप सोच रहे होते हैं कि अंदरूनी उथल-पुथल को छिपाने में आपको कामयाबी मिल गई है, आपके शरीर की भाषा कुछ और ही कह रही होती है।

मान लीजिए आपके कार्यस्थल में आपका एक सहकर्मी हमेशा आपको 'मोटा' कहकर पुकारता रहता है। ऐसा वह मजाक के लहजे में कहता है, इसीलिए आप पहले उसकी तरफ ध्यान नहीं देते। आप जताना नहीं चाहते कि आप जरूरत से ज्यादा संवेदनशील हैं। लेकिन जब बार-बार आपको वह उसी तरह संबोधित करता रहता है तो आप तय करते हैं कि उसे ऐसा कहने से मना कर देंगे।

इसीलिए आप कहते हैं, "मुझे यह अच्छा नहीं लगता जब तुम मुझे मोटा कहकर पुकारते हो, मैं चाहता हूं कि तुम ऐसा मत करो।" शब्द अच्छे हैं और आपको लगता है कि आपने ठीक किया है। लेकिन समस्या यह है कि जब आप यह बातें कह रहे थे तब आपके चेहरे पर मुस्कराहट थी। मुस्कराहट का अर्थ यह लगाया जाता है कि आप जो कह रहे हैं उसके प्रति खुद ही गंभीर नहीं हैं। अनजाने में ही आप एक तरह का व्यवहार कर रहे होते हैं। लेकिन उसका विपरीत अर्थ लगाया जाता है।

गंभीर शब्द जब मुस्कराहट के साथ कहे जाते हैं, तो सामने वाले व्यक्ति को मिश्रित संदेश मिलता है। दूसरा व्यक्ति ऐसी स्थिति में आपके अनुरोध को गंभीरता से नहीं ले सकता है। मूल प्रहार की तुलना में यह अधिक हताश करने वाली स्थिति हो सकती है। आप इतनी तैयारी के साथ साहस जुटाकर किसी से कुछ नहीं करने के लिए कहते हैं और दूसरा आपकी बात पर ध्यान नहीं देता है, मुस्कराते हुए आप जो भी कहते हैं उसका यही मतलब समझा जाएगा, ''अच्छी बात है, अगर तुम मुझे मोटा कहकर पुकारोगे तो मैं बुरा नहीं मानूंगा।''

अगर इसके बाद भी कोई आपको तंग करता ही रहता है तो आप कहेंगे मन की बात दूसरों को बताने से भी कोई प्रभाव नहीं पड़ता। चूंकि वे आपको गंभीरता से नहीं लेते हैं, इसीलिए वैसा करते हैं।

आप एक ही झटके में अपने व्यवहार में परिवर्तन नहीं ला सकते। हम आपसे वैसा करने के लिए कह भी नहीं रहे हैं। आपको इन अभ्यासों के जरिए केवल अपनी जागरुकता को बढ़ाना है, आपको यह बात अच्छी तरह समझनी है कि कई बार आप स्पष्ट रूप से कोई बात किसी से कहते हैं तो उसका परस्पर विरोधी मतलब निकाला जा सकता है।

टकराव या उड़ान?

जैसा कि पहले ही बताया जा चुका है, आपकी भावनाएं आपके शरीर में कई तरह की प्रतिक्रियाएं उत्पन्न करती हैं। चाहे आप खुश, उदास, आतंकित, नाराज हों, हर स्थिति में आपका शरीर प्रतिक्रिया व्यक्त करता है। खास तौर पर तनावपूर्ण परिस्थितियों में आपके शरीर के भीतर, 'टकराव या उड़ान' की मुद्रा उत्पन्न हो जाती है ताकि आप खुद को बचाव के लिए तत्पर कर सकें।

किसी अवसर पर आप टकराव करने का मन बना लेते हैं: आप अपने पक्ष में आवाज उठाने का निर्णय ले सकते हैं, तब आप अपने मन की बात दोहराते हैं और जैसा आप सोचते हैं वही बात दूसरे व्यक्ति को बताते हैं। आपके शरीर में तनाव के हार्मोंस का स्राव होने लगता है, दिल की धड़कन तेज हो जाती है, सांसें भी तेज हो सकती हैं, ये सभी इस बात के लक्षण होते हैं कि आप जूझने के लिए तैयार हो रहे हैं।

इस तरह की कई घटनाएं आपके जीवन में घट सकती हैं जब आप एक पल भी परिणाम की चिंता नहीं करते न ही यह सोचते हैं कि इसके

प्रभाव से आप हताश हो सकते हैं। कई लोग टकराव की मुद्रा में आ जाते हैं जब उन्हें लगता है कि उनके बच्चे को कोई खतरा है, कुछ लोग अन्याय को देखकर टकराव की मुद्रा में आ जाते हैं, कुछ लोग अपनी जायदाद पर दूसरे को कब्जा करते देख टकराव की मुद्रा में आ जाते हैं। ऐसी स्थितियों में टकराने के लिए शरीर की तैयारी से आपको मदद मिलती है, चूंकि आप चाहे कितने ही भले आदमी क्यों न हों, चीजों को सही करने की भावना आपके मन में भय की तुलना में अधिक प्रभावी होती है।

आपके जीवन को अधिक आसान बनाने वाले साधन के रूप में संघर्ष या टकराव को कम ही विकल्प के रूप में अपनाया जाता है।

कई अवसरों का आपका विकल्प होता है: उड़ान यानी आप पीछे हट जाते हैं, माफ कर देते हैं, संघर्ष को टाल देते हैं, परिस्थिति से दूर निकल जाते हैं। ऐसे भी परिस्थितियां होती हैं जहां आप अपनी इच्छाओं और जरूरतों को दूसरों के लिए न्यौछावर कर देते हैं।

इस तरह की 'उड़ान' का मतलब है कि आप अभी भी कठिनाइयों में जी रहे हैं और कठिनाइयों से आपका बचाव नहीं होने वाला है। 'उड़ान' का अर्थ किसी रिश्ते से बाहर निकलना भी हो सकता है, नौकरी छोड़ना भी हो सकता है, दोस्ती तोड़ना भी हो सकता है। यह सब करते हुए आप दूसरे व्यक्तियों के सामने अपनी अनुभूतियों को उजागर नहीं होने देते। ●

अपनी मर्जी से जीएं: न कहना सीखें

हम पहले इस बात की चर्चा कर चुके हैं कि कैसे अपनी पसंद से हम जरूरत से ज्यादा भले बन जाते हैं, भले ही वैसा करते समय इस बात को महसूस नहीं किया जा सकता। अगर आप इस तरह के स्वभाव को चुनते हैं तो आपमें इससे मुक्त होने की योग्यता भी होती है, जिसकी शुरुआत आप दूसरे विकल्पों के चुनाव से कर सकते हैं।

अभ्यास जरूरी है

इस पुस्तक में इसी तरह के कुछ कारगर विकल्पों की चर्चा की गई है और यह बताया गया है कि आप किस तरह उन्हें प्रभावशाली तरीके से आजमा सकते हैं। हम आपको यह बताने की कोशिश नहीं कर रहे हैं कि चंद सूत्रों पर अमल करते हुए रातों-रात परिवर्तन कर दें। इस तरह की बदलाव इतनी तेजी से मुमकिन नहीं हो सकता।

न कहने की कला कोई ऐसी कला नहीं है जिसे आप पाठ्य पुस्तक को पढ़कर सीख सकते हैं। यह ऐसी कला है जिसके लिए अभ्यास की जरूरत होती है, आप गलतियां करते है, फिर अभ्यास करते हैं, अपने आपको संशोधित करते हैं। इस तरह यह कला विकसित होती जाती है और समय गुजरने पर यह आपकी आदत में शुमार हो जाती है।

इस पुस्तक में न कहने की कला से संबंधित विधियों, तकनीकों और दक्षताओं की चर्चा की गई है जिनके आधार पर आप अपने व्यक्तित्व में निहित संभावनाओं की पहचान कर सकते हैं।

जैसा कि पहले भी बताया जा चुका है इसके लिए कोई निश्चित मार्ग नहीं है, बल्कि विभिन्न मार्ग है। ऐसा भी हो सकता है कि आपके वर्तमान व्यवहार में ही मामूली रद्दोबदल कर उसे आपके लिए उपयोगी बनाया जा सकता है। जैसे ही आप एक या दो बदलाव लाएंगे आप अपने व्यवहार के प्रभाव को देखकर दंग रह जाएंगे।

इस तरह के प्रयास को जारी रखने के लिए आवश्यक है कि आप जीवन को एक खेल की तरह समझें।

जरूरत से ज्यादा भला होना मामूली बात नहीं है। जब आप संकट, शर्म या गुस्से का सामना कर रहे होते हैं, तब यह अत्यंत घातक प्रतीत हो सकता है। हम उन परिणामों की चर्चा नहीं कर रहे हैं जिनसे आपको डर लगता है और जिनकी वजह से आपको कठिनाइयों का सामना करना पड़ता है। ऐसे लोगों की दास्तान उदास कर देने वाली और परेशान कर देने वाली होती है जिन्हें जीवन में कड़वाहट का सामना करना पड़ता है चूंकि वे तालमेल कायम करने की कोशिश कर रहे होते हैं और नाकाम होने पर खुद को ही दंडित होने के लिए छोड़ देते हैं।

लेकिन, चूंकि यह गंभीर किस्म का व्यवहार है और इसके परिणाम भी गंभीर ही होते हैं, हम सभी यह तथ्य देख नहीं पाते कि हमारे चारों तरफ खुशहाल जिन्दगी का जश्न जारी रहता है। इसीलिए इस पुस्तक में परिवर्तन की चर्चा करते समय हल्की फुल्की शैली में हास्यबोध का भी इस्तेमाल किया गया है।

इसके जरिए हम आपसे यह नहीं कहना चाहते कि जिस बात को आप महसूस नहीं करते उसे स्वीकार कर लें या तिरस्कारों को हंसी में उड़ा दें या दूसरों के बुरे बर्ताव को चुपचाप सहन कर लें, चूंकि लंबे समय से आप ऐसा

करते रहे हैं, लेकिन इस पुस्तक में बताए गए कुछ विकल्पों का अभ्यास करते हुए आपके भीतर एक किस्म का हास्यबोध जगह बनाएगा। आप कुछ चीजों में रस लेना शुरू कर देंगे।

हम जानते हैं कि व्यवहार को बदलना सर्वाधिक कठिन कार्यों में से एक है। चूंकि व्यवहार से जुड़ी समस्याओं की जड़ बचपन में होती है, इसीलिए लंबे समय से व्यवहार आपके साथ जुड़ा हुआ होता है। इसके बदलाव का जो भी प्रयास किया जाएगा उसके प्रतिरोध का प्रयास आप तो करेंगे ही, आपके जीवन में शामिल दूसरे लोग भी करेंगे। परिवार वाले और मित्र भी आपकी तरह अत्यधिक भले इंसान को पसंद करते हैं, चूंकि इस तरह उनका अपना जीवन आसान हो जाता है।

संभवतः सभी दिशाओं से प्रतिरोध का सामना करने पर आप देख सकते हैं कि आपको अपने प्रतिरोध का भी सामना करना पड़ रहा है, आपकी अपनी असुविधाजनक और पीड़ादायक अनुभूतियां आपका प्रतिरोध कर रही है। शरीर के भीतर कई दुखद स्मृतियों का निवास होता है। आप शायद तर्कसंगत ढंग से जानते होंगे कि क्या करना चाहिए और समझते हैं कि क्यों वही सर्वश्रेष्ठ तरीका हो सकता है, लेकिन आपका शरीर परिवर्तन को देखते ही प्रतिक्रिया करेगा, पेट में ऐंठन महसूस होगी, गला सूखने लगेगा, सांसों की रफ्तार तेज हो जाएगी।

कई बार जिन दुविधाओं में हम घिर जाते हैं उन पर तर्कपूर्ण ढंग से निगाह डालने से यकीन कर पाना मुश्किल हो जाता है। ''मैं क्यों इस तरह के झमेले में फंस गया?'' हम कहते हैं। जब हम किसी संकट का हल्का पक्ष देखते हैं तो हमारे लिए शक्ति को बटोरना और नियंत्रण कायम करना आसान हो जाता है, जो अनजाने में हम दूसरों को पहले सौंप चुके होते हैं। तब आपके पास कुछ करने का, परिस्थिति को बदल डालने का अवसर होता है।

परिवर्तन के लिए कुछ अभ्यासों, प्रक्रियाओं और विचारों को खेल की तरह प्रस्तुत किया गया है। आप इन अभ्यासों पर जरूर अमल करना चाहेंगे, लेकिन इस खेल में एकमात्र खिलाड़ी आप ही होंगे। ''यह एक रोचक पहलू है किसी को पता नहीं चलेगा कि बदलाव की प्रक्रिया को आप अपने भीतर शुरू कर चुके हैं। लोगों को आपके साथ बर्ताव करते हुए भिन्न परिणाम मिल सकता है जो उस तरह के परिणाम से भिन्न हो सकता है जिसके अब तक वे आदी रहे हैं।"

लेकिन जब आप किसी खेल के अकेले खिलाड़ी होते हैं तो आपके पास काफी शक्ति रहेगी और इससे होकर गुजरना मजेदार भी होगा।

खेल जैसी पृष्ठभूमि में इन परिदृश्यों को देखने का मुख्य उद्देश्य यही है कि जब आप उनको वास्तविक जीवन में लागू करेंगे, तब वास्तविक जीवन की प्रतिकूल स्थिति आपको प्रभावित नहीं कर पाएगी।

हम यह भी जानते हैं कि परिवर्तन की प्रक्रिया को हम जितना मजेदार बनाएंगे, उतना ही उस प्रक्रिया में शामिल होना आसान हो जाएगा। हमें उम्मीद है कि आप इस तरह के असंभव नजर आने वाले कार्य को लुत्फ लेते हुए पूरा करने की कोशिश करेंगे। हम चाहते हैं कि आप परिवर्तन की चुनौतियों को अच्छी तरह स्वीकार करें और ऐसा हरगिज न महसूस करें कि मार्गदर्शक की सहायता के बिना आप अकेले माउंट एवरेस्ट की चढ़ाई कर रहे हैं। शुरु में छोटी-छोटी पहाड़ियों पर फतह करना सीखें। एवरेस्ट को ज्यादा अनुभवियों के लिए छोड़ दें।

इस पुस्तक में छोटी-छोटी जीतों की चर्चा की गई है। हम इस बात का अक्सर प्रयोग करते हैं कि छोटी जीतें हासिल करें। जब आप किसी परिस्थिति का सामना करते हुए सब कुछ एक ही झटके में बदल देने की कोशिश करेंगे तो इस बात की आशंका ज्यादा है कि आपको नाकामी का सामना करना पड़ेगा। हम ऐसा नहीं कह रहे हैं कि आप कोशिश न करें, मगर पहले छोटी शुरुआत करें। कोई नई चीज करते समय छोटे-छोटे कदम उठाएं।

जैसे-जैसे आपको छोटी जीतों का स्वाद मिलने लगेगा, जो आसान भी है, तब आप महसूस करने लगेंगे कि आप बड़े मुद्दे को भी निपटाने में सक्षम हो चुके हैं, आपके पास पर्याप्त अनुभव जुट जाएगा जिससे आपका आत्मविश्वास मजबूत होता जाएगा। ऐसे मुद्दों को लेकर अभ्यास करना, जिनकी वजह से आपको तकलीफ होती है और फिर पछतावा होता है, आसान बात नहीं होगा। यह कोई मामूली प्रयास नहीं होगा और ऐसा भी हो सकता है कि आप बीच में ही प्रयास छोड़ देने का फैसला कर लें।

इस पुस्तक में कुछ रोचक चुनौतियों की चर्चा की गई है जिनके आधार पर आप छोटी-छोटी जीतों को हासिल करना शुरु कर सकते हैं।

इसमें ऐसे व्यक्तियों के अनुभवों पर रोशनी डाली गई है जो अगर अन्य विकास का चुनाव करते तो उन्हें भिन्न परिणामों का सामना करना पड़ता। ये ऐसी परिस्थितियां हैं जो लोगों के जीवन में घट चुकी हैं और अत्यधिक भला

होने के कारण उन्हें असुविधा, क्षोभ और हताशा के साथ-साथ अपनी पहचान गंवाने की भावना का सामना करना पड़ा।

विभिन्न संभावित परिणामों की चर्चा करते हुए कुछ विधियों, विचारों और तकनीकों के बारे में बताया गया है।

प्रत्येक परिदृश्य में गतिविधियों और साधनों की भी चर्चा की गई है। हालांकि इनमें से कई तरह की संभावनाओं का चयन किया जा सकता था, लेकिन हां, उन संभावनाओं पर गौर किया गया है जो किसी खास परिस्थिति में व्यक्ति के लिए संभव हो सके। हम यह नहीं कहना चाहते कि व्यक्ति को इसी तरह समस्या का समाधान करना चाहिए, बल्कि यह बताने की कोशिश की गई है कि इस तरीके से समाधान ढूंढ़ा जा सकता है। जब हम न कहने की कला में पारंगत होने की चर्चा करते हैं इसका कोई एकमात्र सीधा रास्ता नहीं हो सकता, आपको अपने तरीके को संशोधित करना होगा और ढूंढ़ना होगा कि कौन सा तरीका आपके लिए सर्वश्रेष्ठ साबित हो सकता है।

इसी तरह, जब आप स्वयं को समान परिस्थितियों में रखकर सोचेंगे (जैसा कि हम जानते हैं कई परिदृश्य हमें जाने-पहचाने लगते हैं), तब यह याद रखना जरूरी होगा कि हमेशा हमारे सामने एक से ज्यादा विकल्प मौजूद रहते हैं, ऐसी भी विधियों की चर्चा की गई है जिन्हें पढ़कर आप कह सकते हैं, "मैं ऐसा कभी नहीं कर सकता", या ऐसे भी उपाय होंगे जिन्हें पढ़कर आपके मुंह से निकल पड़ेगा, "हां, मैं इसे आजमाना चाहूंगा।"

परिवारों के बारे में एक टिप्पणी

जैसा कि आप पहले भी पढ़ चुके हैं, इस पुस्तक में ऐसी घटनाओं और परिस्थितियों का जिक्र किया गया है जिनसे होकर लोगों को दैनिक जीवन में गुजरना पड़ता है। उनमें से कुछ घटनाएं अन्य की तुलना में अधिक कठिन चुनौतियां पेश करती है।

एक क्षेत्र ऐसा है, जहां हम जानते हैं कि व्यवहार को लेकर सबसे ज्यादा कठिनाई का सामना करना पड़ता है और वह क्षेत्र है परिवार। आपका परिवार आपके सामने जो समस्याएं पेश करेगा वह अनूठी समस्याएं होंगी। फिर भी यह महत्वपूर्ण है कि घटनाओं और समाधान की चर्चा के दौरान आप कुछ बातों का ध्यान रखें:

1. प्रत्येक परिवार अलग होता है। तर्क के आधार पर आप इस बात को समझते हैं। लेकिन जब अपने परिवार के साथ आपके व्यवहार को

बदलने की बात आती है। तब कोई भी निश्चित तकनीक आपके लिए अपने आप उपयोगी साबित नहीं होती। आप अपने परिवार के सदस्यों के ऐसे व्यवहारों को भी बर्दाश्त कर लेते हैं, जिन व्यवहारों को अगर आपके सहकर्मी या आपके मित्र आजमाएं तो आप सहन नहीं करेंगे।

2. ज्यादातर परिवारों में संवाद का निश्चित तरीका (अधिकांश मामलों में आपके जन्म से पहले ही) प्रचलित होता है और वही आगे भी बना रहता है- और ऐसा लगता है कि हमेशा बना ही रहेगा। जिस तरह आपने चलना और बोलना सीखा होगा, उसी तरह स्वाभाविक रूप से संवाद कायम करने का तरीका भी सीखा होगा। आपके पास दूसरा कोई विकल्प नहीं रहेगा।

   इसीलिए, मगर आप पूरी तरह जमी हुई ऐसी आदतों को बदलना चाहते हैं तो आपकी तरफ से कुछ भिन्न प्रकार का प्रयास होना जरूरी है।

3. ''मैं केवल उन्हें समझना चाहता हूं'', ऐसी भी स्थितियां होंगी जहां पुराने प्रचलित तरीके को बदलने के लिए मौलिक व्यवहार की जरूरत पड़ेगी। कुछ ऐसी परिस्थितियां होंगी जहां आपके प्यार और कोमल बर्ताव की जरूरत होगी। ●

खुद को मुक्त करें बंधन से

यह अजीब लगता है, जब आपके व्यवहार को बदलने का सवाल आता है तो सबसे पहले आपकी भाषा का जिक्र आता है। जब आप ग्रहण किए गए और सीखे गए व्यवहार में बदलाव लाना चाहते हैं तब आपकी भाषा का जिक्र आना अजीब लग सकता है। लेकिन, यह बात उतनी अजीब है नहीं।

एक पल के लिए इसके बारे में सोचकर देखें। आप पुरानी स्मृतियों की तरफ जाएं। इस पुस्तक में पहले कही गई बातों को याद करें, जिनका प्रभाव आपके ऊपर पड़ा होगा। आपमें से कइयों ने शारीरिक अत्याचार सहा होगा, जो अत्यंत मार्मिक अनुभव रहा होगा। लेकिन भाषा एक ऐसा परिवेश बनाती है कि आप अपने स्वाभाविक व्यवहार को बदलने के लिए विवश हो जाते हैं।

बचपन से संबंधित अनुभवों की चर्चा करते हुए हम बता चुके हैं कि बच्चों को नियंत्रित करने के लिए माता-पिता किस तरह के उपाय आजमाते हैं। उनमें

से कुछ असरदायक उपाय है कि बच्चों का मजाक उड़ाया जाए, अपमानित किया जाए, नीचा दिखाया जाए, जो वे महसूस करते हैं या चाहते हैं उसे नजरअंदाज किया जाए। उन पर दबाव डाला जाता है कि उन्हें उसी तरह सोचना चाहिए और बर्ताव करना चाहिए, जिस तरह माता-पिता उन्हें आदेश देते हैं। यह सब बगैर किसी शारीरिक हिंसा के केवल भाषा की मदद से किया जा सकता है।

इसके अलावा, आपमें से कइयों को स्कूल का अनुभव होगा, उदाहरण के लिए, आपको अपने ही सहपाठियों के सामने शिक्षक ने बुरी तरह अपमानित किया होगा। शरारत करने की वजह से या किसी सवाल का गलत जवाब देने की वजह से, कक्षा में ऊंघने, खराब अंक लाने, देर से आने आदि कारणों से शिक्षक ने ऐसा किया होगा। जब सार्वजनिक रूप से आपका मजाक उड़ाया जाता है तो इस तरह सुनिश्चित हो जाता है कि वैसी घटना दुबारा न हो, इसके लिए आप कुछ भी करने के लिए तैयार हो जाएंगे। आप उस तरह की शर्म और अपमान का सामना फिर से नहीं करना चाहेंगे।

इतना ही नहीं, आपमें से कई इस तरह की घटना के साक्षी रहे होंगे जब किसी दूसरे का मजाक उड़ाया गया होगा और आप तक संदेश पहुंचाया गया होगा कि आप भी इस तरह की हरकतों से दूर ही रहें। जैसे ही आपके जेहन में सबके सामने जलील होने का दृश्य उभरता है, आप कोई भी हरकत करने से दूर रहते हैं।

शब्द से ही आपके विचार बनते हैं, जिनके जरिए आप दुनिया को देखते हैं।

भाषा व्यवहार को आकार देने में सबसे महत्वपूर्ण भूमिका निभाती है। जिसकी हम यहां चर्चा कर रहे हैं। दूसरे आपसे क्या चाहते थे यह बताने के लिए शब्दों का इस्तेमाल किया गया था! उनका इस्तेमाल डांटने, फटकारने, आश्वस्त करने और पुरस्कृत करने, डराने, समझाने और उकसाने के लिए किया गया था। शब्द गाल पर जमाए गए थप्पड़ की तरह हो सकते हैं, वे हमारे आत्मविश्वास को जख्मी बनाते हैं और हमारे स्वाभिमान को चोट पहुंचाते हैं।

क्या आपकी भाषा बहुत मीठी है?

भाषा हमारे अवचेतन में समा जाती है चूंकि जब हम शब्दों का अर्थ समझने लायक नहीं होते उसी समय से शब्दों को सुनते हैं। शब्द हमसे वे लोग कहते हैं जिनसे हम डरते हैं या सहमते हैं या जिनके अधीन होते हैं और जब

तक हम उन पर संदेह करने की क्षमता विकसित नहीं कर पाते तब तक उनके शब्दों को ही सच समझते रहते हैं।

दु:खदायक और चोट पहुंचाने वाले शब्द आपसे कहे गए जो आपके भीतर गहराई में जम गए और आज भी जब आप संदेह करना सीख गए हैं, उन शब्दों पर संदेह करते हुए आप हिचकते हैं। अपनी मां के उस कथन पर संदेह करना कठिन हो सकता है जो उसने हताश होकर कभी आपसे कहे थे: ''तुमसे कोई उम्मीद करना बेकार है- मैं क्यों तुमसे उम्मीद लगाए बैठी हूं?''

भाषा- जो शब्द आपसे कहे गए- आप पर गहरा प्रभाव डालती है। यही वजह है कि जब हम व्यवहार में बदलाव की बात करते हैं तो सबसे पहले शब्दों पर गौर करना चाहते हैं।

सबसे पहले हम एक सहज वाक्य से शुरुआत करते हैं जिसका इस्तेमाल लोग माफी मांगने के लिए करते हैं। माफी मांगने का सर्वाधिक प्रचलित तरीका क्या है? "आई एम सॉरी।'' दैनंदिन जीवन में बातचीत करते समय आपके मुंह से कितनी बार निकलता है, ''आई एम सॉरी?''

लोग तभी माफी मांगते हैं जब उन्हें लगता है कि उनसे कोई गलती हो गई है। इसके अलावा, जब कोई दूसरा गलती उन पर थोप देता है, तो वे माफी मांगते हैं, जब उन्हें लगता है कि उनका व्यवहार सही नहीं है तब वे माफी मांगते हैं, वे जब किसी ऐसी चीज की मांग करते हैं जिस चीज के मिलने की उम्मीद नहीं होती, तब वे माफी मांगते हैं, वे दूसरे लोगों के व्यवहार के लिए माफी मांगते हैं, वे किसी दूसरे को हताश देखकर माफी मांगते हैं, वे उस समय भी माफी मांगते हैं जब माफी मांगने लायक कोई वजह मौजूद नहीं होती।

इस उदाहरण को देखिए:

एक महिला ने अपना घर का आधा हिस्सा व्यक्ति को किराए पर दे रखा था।

वह व्यक्ति घर में घुसते हुए उन ईंटों से टकरा गया जिनके सहारे एक फनीर्चर रखा हुआ था।

''आई एम सॉरी'', उस व्यक्ति न कहा।

''क्या आप ईंट से माफी मांग रहे हैं?'' महिला ने कहा।

''ओह'', उस व्यक्ति ने नीचे की तरफ देखते हुए कहा, ''आई एम सॉरी।''

भाषा का प्रयोग करना हमारे लिए आदत बन जाती है। इसी तरह जिस सोच के पीछे हमारी कोई पसंद नहीं होती, वह हमारी आदत बन जाती है। भाषा का प्रभाव इतना गहरा होता है कि ज्यादातर समय हम समझ ही नहीं पाते कि हम किन शब्दों का प्रयोग कर रहे हैं।

भाषा के इस्तेमाल से हमारी धारणाएं और आत्मबोध का आकार तय होता है और वे मजबूत भी बनते हैं।

हम शरीर की भाषा से लोगों तक यह संदेश पहुंचा सकते है। कि आसानी से हमारा इस्तेमाल किया जा सकता है। इसी तरह शब्दों के उच्चारण से भी इसी तरह का संदेश लोगों तक पहुंचाया जा सकता है। जिस तरह की भाषा का आप प्रयोग करते हैं उसके जरिए आप अपने अंदरुनी व्यक्तित्व को उजागर कर रहे होते हैं।

आपकी भाषा शक्तिशाली संकेत का संप्रेषण करती हैं जिससे दूसरे लोग जान जाते हैं कि आप कितने सीधे-सादे हैं, अगर आप लगातार माफी मांगते रहेंगे या अस्पष्ट शब्दों का प्रयोग करते रहेंगे, अप्रत्यक्ष और कमजोर तरीके से अपनी बात रखते रहेंगे, तब आपको दूसरे लोगों गलत समझेंगे, आपको नजरअंदाज करेंगे या आपके बारे में गलत धारणा बना लेंगे। आप उन्हें ऐसे साधन मुहैया करवा देते हैं जिनके सहारे वे आपको तंग कर सकते हैं और आपसे अपनी मर्जी का काम करवा सकते हैं।

माफी और अनुमति की भाषा एक किस्म का आमंत्रण है, यह उस दुविधा को दर्शाती है कि आप कहना कुछ और चाहते हैं जबकि आपके मुंह से कुछ और निकलता है। ऐसा लगता है कि आपका मूल वक्तव्य सामने नहीं आ पाता, इसीलिए आपके उद्देश्य के बारे में कोई स्पष्ट रूप से जान नहीं पाता।

आगे ऐसे शब्दों और कथनों का उल्लेख किया गया है जिनका इस्तेमाल आप दूसरों तक संदेश संप्रेषित करने के लिए करते हैं। हम इनकी तरफ कई स्तरीय परिप्रेक्ष्य में देखेंगे, सतह से, दैनंदिन बातचीत, मुहावरे और कहावतें, जो अपने आप में सबक की तरह है।

एक सहज उदाहरण से शुरुआत करते हैं।

बीसवीं सदी का एक महत्वपूर्ण उपकरण है आनसरिंग मशीन। जिसके पास यह मशीन होती है वह क्या जवाब देती है? ''आई एम सॉरी, मैं आपसे बात करने के लिए उपलब्ध नहीं हूं...'' मशीन माफी क्यों मांगती है? यह

मशीन बिना माफी मांगे ऐसा क्यों नहीं कहती," कृपया अपना मैसेज छोड़ दें, जल्द से जल्द मैं आपसे बात करने की कोशिश करूंगा।

इस तरह की मशीन के निर्माताओं का तर्क रहा है कि समाज में जिस तरह की भाषा का चलन है, वे उसी तरह की भाषा का इस्तेमाल अपनी मशीन के लिए करते हैं।

यह मशीन इस बात का भी उदाहरण है कि हम किस तरह आंखें मूंदकर किसी चीज पर विश्वास कर लेते हैं। हमसे जिस तरह की अपेक्षा रखी जाती है, वैसा ही व्यवहार करने के लिए हम कितने अनुकूल होते हैं। जब कोई आपसे बात करना चाहता है और उस समय आप उपलब्ध नहीं है तो आपसे माफी मांगने की अपेक्षा रखी जाती है, आपसे जल्द ही लोगों से बात करने की अपेक्षा रखी जाती है चूंकि लोग आपसे बात करना चाहते हैं।

भाषा आपके बारे में भिन्न तरीके से बताती है। अगर आप उन लोगों में से हैं जो हमेशा माफी ही मांगते हो तो आपकी जवाब देने वाली मशीन भी आपकी तरह ही होगी और आपको इसे बदलने के लिए मामूली परिवर्तन करना पड़ेगा। जब आप अपने मुंह से अपने आप निकलने वाले माफी के शब्दों को नियंत्रित करना सीख जाएंगे तब आप अपने बारे में धारणा को भी बदलेंगे और जिस तरह लोग आपके प्रति प्रतिक्रिया व्यक्त करते हैं, उसके बारे में भी नजरिया बदलेंगे।

अगर आपकी मशीन दुनिया को बताती है कि बातचीत के लिए उपलब्ध नहीं होने के कारण आपको खेद है और वह वादा करती है कि आप अपनी प्राथमिकता की सूची में लोगों को प्रथम स्थान पर रखते हुए लौटते ही उनसे बात करेंगे, तो मशीन के इस संदेश में बदलाव कर आप अपने व्यवहार में परिवर्तन का संदेश दे सकते हैं। तब आपकी मशीन लोगों से कहने लगेगी, "मैं जरूरत पड़ने पर आपसे संपर्क करूंगा।"

माफी की भाषा

इस बात पर गौर करके देखते हैं कि किस तरह माफी की भाषा काम करती है और आप किस तरह के शब्दों का प्रयोग करते हैं जो आपके अनजाने में ही आपकी कमजोरी को दर्शाते हैं।

सबसे पहले उन शब्दों की बात करें जो दैनिक जीवन में आपके मुंह से अपने आप निकल पड़ते है। इसके अलावा उन नसीहतों और कहावतों की

चर्चा करते हैं जिन्हें आपने बचपन में सुना होगा और जो आपसे अपेक्षित व्यवहार के बुनियादी नियम रहे होंगे।

दैनंदिन जीवन में भाषा का इस्तेमाल

आप किस तरह माफी मांगते हैं? जब आप किसी से कुछ करने के लिए कहते हैं और जानते हैं कि वह करना नहीं चाहता, तब आप क्या कहते हैं? जब आप किसी को बुरी खबर सुना रहे होते हैं तो क्या कहते हैं? जब आप किसी नए विचार के बारे में बताना चाहते हैं तो किन शब्दों का प्रयोग करते हैं?

नीचे ऐसे ही शब्द दिए गए हैं जिनकी मदद से आप खुद को छिपाना चाहते हैं और अपनी दूसरे दर्जे की स्थिति को जतलाना चाहते हैं। ये ऐसे शब्द हैं जो दूसरों को बताते हैं कि आप खुद को गंभीरता से नहीं लेते, आपकी इच्छाएं, विचार, सोच और अनुभूतियों की कोई अहमियत नहीं है। इस तरह लोगों को आप अपनी कमजोरी बता देते हैं (जो सोचते हैं कि आप मूर्ख, वाहियात और बेकार के आदमी है)

जब आप आश्वासन की चाह रखते हैं, तब इस तरह की भाषा का प्रयोग करते हैं। ये खुद पर की गई टिप्पणी की तरह होते हैं जो हीन भावना को प्रदर्शित करते हैं।

इन शब्दों पर गौर कीजिए

- आई एम सॉरी।
- मुझे सचमुच बहुत अफसोस है।
- क्या आपने बुरा माना है?
- क्या यह मुमकिन हो सकता है अगर....
- हां।
- लेकिन।
- हां, मगर...
- जरूर।
- दुःख की बात है।
- एक्सक्यूज मी।
- क्या यह ठीक रहेगा अगर मैं....?
- क्या आप बुरा मानेंगे अगर मैं....?

- मुझे यकीन नहीं कि आप इसे पसंद करेंगे।
- क्या आप मेरे ऊपर कृपा करेंगे?
- मैं जोर देकर कहना नहीं चाहता...
- क्या आप विचार करेंगे?
- यह शायद सुनने में बुरा लगेगा।
- मैं बिलकुल ठीक हूं।
- यह कोई बड़ी समस्या नहीं है।
- क्या आप सोचते हैं आप इसे कर सकेंगे...?
- रुकावट के लिए माफ करें।
- अगर मैं रुकावट डालूं तो क्या आप बुरा मानेंगे?
- आप इसे पसंद नहीं करेंगे।
- मुझसे यह नहीं हो सकता।
- मुझ पर छोड़ दीजिए। मैं देख लूंगा।
- मैं बुरा नहीं मानूंगा।
- बिलकुल ठीक है।
- क्या यह आपके लिए ठीक रहेगा?
- मुझसे मत पूछिए, मैं कुछ नहीं जानता।
- परेशान करने के लिए माफ करें।
- दिक्कत के लिए माफ कर दें।
- मुझे माफी मांगनी है कि...
- आपको परेशान करते हुए खेद हो रहा है, मगर...
- आप जैसा चाहेंगे मैं कर दूंगा।
- मैं बुरा नहीं मानता।
- मैं नहीं जानता।
- मैं जानता हूं आप बेहतर जानते हैं, मगर...
- इससे शायद बड़ी समस्या पैदा हो सकती है, मगर...
- वहां मेरे करने के लिए कुछ था ही नहीं।
- क्या आप मुझसे बहुत नाराज हैं?
- आपसे पूछते हुए मुझे सचमुच शर्म आ रही है, मगर...
- मैं अपने आपको ठीक से स्पष्ट नहीं कर पा रहा हूं।
- लगता है मैं अपनी बात ठीक से कह नहीं पाया।

- मैं किसी काम का नहीं हूं।
- क्या आपको यकीन है?
- मैं आपको परेशान करना नहीं चाहता।
- अगर मैं एक सवाल पूछूं तो क्या आप बुरा मान जाएंगे?
- यह सब मेरी गलती है।
- यह सब मेरी वजह से हुआ है।
- क्या कोई और चीज आपको मुझसे चाहिए?
- क्या मैं आपके लिए कुछ और कर सकता हूं?
- अगर आप नहीं चाहते तो मना कर सकते हैं...
- प्लीज नाराज मत होइए।
- मैं सख्ती से पेश आना नहीं चाहता था।
- मुझे इसी बात की उम्मीद थी।
- अगर आपको यकीन है तो ठीक है।
- अगर आप उचित समझते हैं तो ठीक है...
- मैं सचमुच आपसे कुछ पूछना चाहता हूं
- क्या हमें करना चाहिए?
- आप क्या सोच रहे हैं?
- क्या मैं आपको बीच में टोक सकता हूं?
- मुझे सचमुच बुरा लग रहा है, लेकिन...
- कभी कोई मेरी बात नहीं सुनता।
- यह ठीक है।
- क्या आपको यकीन है कि आप यही चाहते हैं।
- मुझ पर इलजाम मत लगाइए।
- मैं किसी काम का नहीं हूं...
- जिस समय आपको ठीक लगे, क्या आप....?
- क्या आप सोचते हैं यह आपके लिए संभव होगा....?
- क्या आप मेरा उपकार कर सकते हैं?
- जब तक आपको ऐतराज न हो।
- मेरी राय की कोई कीमत नहीं है।
- यह मैं आपके लिए कर दूंगा।
- एक्सक्यूज मी, क्या मैं बीच में आपको टोक सकता हूं।

- बीच में टोकने के लिए मुझे माफ करें।
- अगर कोई नहीं करेगा तो शायद मैं कर दूंगा।
- पूरी इज्जत के साथ कहना चाहता हूं...
- आपके पास कब समय होगा...

अपने मुंह से निकलने वाले शब्दों के प्रति जागरुक होकर नए-नए शब्दों को आप इस सूची में शामिल कर सकते हैं।

इनमें से कोई भी गलत नहीं है। लेकिन जब इनका बारंबार और बिना सोच-विचार के ही प्रयोग किया जाता है, अपनी कमजोरी प्रदर्शित करने के लिए, अपने व्यवहार को तर्कसंगत ठहराने के लिए प्रयोग किया जाता है, बहाने बनाने के लिए किया जाता है और सीधे तथा स्पष्ट वक्तव्य रखने से बचने के लिए किया जाता है, तब समस्या पैदा होती है। ये तो सहज-सरल शब्द हैं। आप इनका कैसे और क्यों प्रयोग करते हैं, पड़ताल का मुद्दा यही है।

जब आप माफी मांगते हैं, तब आपको स्पष्ट होना चाहिए कि किस बात के लिए आप माफी मांग रहे हैं। क्या आप अपने किसी कार्य के लिए माफी मांग रहे हैं या किसी व्यवहार के लिए माफी मांग रहे हैं। अगर आप अपने किसी गलत कार्य के लिए माफी मांग रहे हैं। तो बेशक मांगिए। लेकिन अगर आप अपने वजूद को लेकर माफी मांग रहे हैं तो इस तरह की माफी आपके कमजोर आत्मविश्वास को प्रदर्शित करेगी।

जो जरूरत से ज्यादा भले लोग होते हैं वे माफी की भाषा का प्रयोग और अनुमति मांगने की जरूरत अभ्यास के चलते महसूस करते हैं। हमारा लक्ष्य उसी अभ्यास में बदलाव करना है, हम आपकी शालीनता से सराबोर भाषा आपसे छीनना नहीं चाहते हैं जिससे सामाजिक विमर्श संभव हो पाता है। हम सभी को शिष्टाचार सीखना चाहिए लेकिन खुद को नुकसान पहुंचाने वाले शिष्टाचार की कोई जरूरत नहीं है, न ही बहानेबाजी और अत्यधिक माफी की आदत को शिष्टाचार की श्रेणी में शामिल नहीं किया जा सकता।

जरूरत से ज्यादा माफी मांगने की वजह से कई हास्यास्पद प्रसंग सामने आ जाता है, जिसका अनुभव आपने कई बार किया होगा। जब किसी व्यक्ति पर माफी के कई शब्द फेंके जाते हैं, तो वह व्यक्ति भी माफी मांगने लगता है।

इस उदाहरण को देखिए:

आप : आई एम सॉरी। रियली आई एम वेरी, वेरी सॉरी।

वे : नहीं-नहीं, ये ठीक है। मैं बुरा नहीं मानूंगा, सचमुच।"

आप: नहीं-नहीं, मैं सचमुच शर्मिन्दा हूं। आप कभी मुझे माफ नहीं करेंगे।''

वे : माफ करने जैसी कोई बात नहीं होती। आई एम सॉरी। आप इतने परेशान हो गए।''

आप: मैं यह आपके ऊपर छोड़ता हूं।''

वे : कृपया दुखी मत होइए, यह सब ठीक है। मुझे आपसे भी ज्यादा तकलीफ हुई।''

और इस तरह की बहस रुकने का नाम नहीं लेती।

व्यवहार से संबंधित नियम

प्रत्येक परिवार के अपने नियम होते हैं। प्रत्येक परिवार में किसी एक व्यक्ति (क्या कई व्यक्तियों) का शासन चलता है जो निर्धारित करते हैं कि परिवार के हरेक सदस्य को किस तरह का बर्ताव करना चाहिए। बचपन में आपने भी ऐसे नियमों को सुना होगा और ग्रहण किया होगा।

ऐसे ही कुछ नियम इस प्रकार के है:

- अगर तुम्हें कोई मतलब की बात नहीं कहनी हो तो मुंह बंद रखो।
- बेकार शोर मत करो।
- अच्छे बच्चे ऐसा नहीं करते।
- बच्चों को रोना नहीं चाहिए।
- मर्द बनो।
- मर्द को दर्द नहीं होता।
- रोना औरतों का काम है।
- भलाई करो।
- नेकी कर दरिया में डाल।
- बच्चों को शोर नहीं मचाना चाहिए।
- नहीं रोने पर मैं तुम्हें कुछ दूंगा।
- यह कोई बड़ी समस्या नहीं है।
- संकट में ही धैर्य की परीक्षा होती है।
- जो मैं चाहता हूं मिलता नहीं है।
- मैं जानता हूं तुम क्या सोच रहे हो।
- आभार व्यक्त करना चाहिए।

- बड़ों की हर बात माननी चाहिए।
- मेहमान देवता के समान होते हैं।
- अपने कमरे में जाओ।
- तब तक रूको जब तक पिताजी घर नहीं आ जाते।
- अगर मैं तुम्हारी जगह होता तो ऐसा हरगिज नहीं करता।
- शांतिपूर्वक खेलो।
- शिष्टाचार से मनुष्य महान बनता है।
- चरित्र ही सफलता की कुंजी है।
- पुरुषार्थ से भाग्य बदल सकता है।
- जब मैं तुम्हारी उम्र का था...
- मेरे जमाने में...
- अफ्रीका के भूखे बच्चों के बारे में जरा सोच कर देखो।
- तुम अपनी मां का दिल तोड़ रहे हो।
- मर्द की तरह इसका सामना करो।
- उन्हें संदेह का मौका मत दो।
- सब कुछ गड़बड़ होने के बाद मेरे पास दौड़कर मत आओ।
- अगर सबकी मुरादें पूरी हो जातीं तो सड़क पर भिखारी नहीं घूमते।
- मनुष्य की जरूरतें पूरी हो सकती हैं, इच्छाएं नहीं।
- तुम्हें बांटना होगा।
- मैं कल्पना नहीं कर सकता कि... क्या कहते अगर वे अभी जिन्दा होते।
- अच्छा हुआ कि.... यह दिन देखने से पहले दुनिया से चले गए।
- मैं समझ नहीं पाता कि हम बच्चों की हर बात क्यों मान लेते हैं।
- तुम्हें अहसानमंद होना चाहिए।
- तुम कितने अहसान फरामोश हो।
- आखिरकार तुमने...
- तुम नहीं जानते यह क्या है...
- दूध मत गिराओ।
- प्लेट मत तोड़ो।
- मैं अब तुम्हें बिलकुल नहीं चाहता।
- तुम और अधिक... क्यों नहीं हो सकते?

- भावुक बनने से बचो।
- तुम्हें उसकी कोई जरूरत नहीं है।
- तुम इतने मतलबी कैसे हो सकते हो?
- अपने पिताजी को मत बताना।
- हम ऐसी बातों की चर्चा परिवार में नहीं करते।
- परिवार का अर्थ है जवाबदेही।
- खुश हो जाओ।
- बात नहीं मानने पर सजा मिलेगी।
- तुम बिलकुल अपने (पिता, माता, दादा, दादी, आदि) की तरह हो।
- चेहरा मत बिगाड़ो।
- हमेशा औरों की मदद करनी चाहिए।
- जब तुम्हारे अपने बच्चे होंगे तब समझ में आएगा।
- तुम्हारे वजह से खानदान की नाक कट गई।
- तुम्हारी वजह से परिवार को शर्मिन्दा होना पड़ा।
- तुम अजीब बच्चे हो।
- हम देखेंगे।
- बाद में देखेंगे।
- तुम बिलकुल ठीक हो।
- तुमने हमें निराश किया।
- मेरी बात गांठ में बांधकर रख लो।
- तुम्हारा भविष्य अंधकारमय है।
- अगर तुम नहीं सुधरे तो हम तुम्हें होस्टल में भेज देंगे।
- अगर तुमने बात नहीं मानी तो पढ़ाई छुड़वा देंगे।
- तुम्हें शादी करवाकर ससुराल भेज देंगे।
- पड़ोसी क्या सोचेंगे?
- अब मैं तुम्हारी बकवास नहीं सुन सकता।
- क्या तुम एक बार अपने बारे में सोचना बंद नहीं कर सकते?
- अगर तुम नहीं सुधरे तो मैं तुम्हें छोड़कर चली जाऊंगी।
- तुम हमारे साथ ऐसा कैसे कर सकते हो?
- हमें तुमसे ऐसी उम्मीद नहीं थी।
- तुमने हमारा दिल तोड़ दिया है।

- अपनी उम्र के हिसाब से बात करो।
- तुम्हारे पास कभी दिमाग था ही नहीं।
- परिवार के दूसरे सदस्य तुमसे ज्यादा समझदार है।
- काम ज्यादा बातें कम।
- तुम इस तरह घर से बाहर नहीं जा सकते।
- मैंने इस तरह का बर्ताव करने के लिए बच्चों को पाल-पोसकर बड़ा नहीं किया है।
- अपने आपको समझते क्या हो?
- क्या तुम चाहोगे कि तुम्हारा सर फोड़ दिया जाए?
- क्या तुम अपनी शरारत से बाज नहीं आओगे?
- जब तुम बड़े हो जाओगे तभी समझ पाओगे।
- जो मैंने किया उसके बदले मुझे यही मिला?
- डरने की कोई बात नहीं है।
- किसी दिन तुम मेरी जान ले लोगे।
- शांत हो जाओ, किस बात पर इस कदर उत्तेजित हो रहे हो?
- मुझे तुम पर शर्म आती है।
- मैं फिर कभी तुम्हारी वजह से सिर उठा नहीं पाऊंगा।
- क्या बच्चे मां-बाप का खून ही चूसते हैं?
- भगवान के लिए बड़े हो जाओ।
- कब तक नादान बने रहोगे?
- तुम्हें अक्ल कब आएगी?
- दिखावा करने की जरूरत नहीं है।
- जैसा बोओगे वैसा ही काटोगे।
- अपने आपको समझते क्या हो?

कई माता-पिता जब इस सूची पर निगाह डालेंगे तो अनायास ही उनके मुंह से निकल पड़ेगा, ''हे भगवान, मैंने अपने बच्चों से ऐसी ही बातें कही थीं।'' आप इस बात को जानते होंगे कि अपने बच्चों से आप भी काफी बातें करते हैं। इस तरह की बातें कहना आसान है- ऐसी बातें मुंह से अपने आप निकल पड़ती हैं, ऐसी बातें आपके अवचेतन मन के भंडार से निकल कर आती हैं, जो बातें कभी बचपन में आपसे भी कही गई थीं। आप जिस बात को पसंद नहीं करते उस बात से बच्चों को मना करने के लिए इस तरह की

बातों का प्रयोग किया जाता है, और बच्चों पर अपनी मर्जी थोपने का प्रयास किया जाता है।

और भी कई बातें आपके मन में उभर रही होंगी जिन्हें इस सूची में जोड़ा जा सकता है। इनकी मदद से आप अपने दादा के युग में प्रचलित नियमों को भी समझ सकते हैं जो परंपरावादी विचारों पर दृढ़ता के साथ विश्वास करते थे और उन्हीं विश्वासों को पीढ़ी-दर-पीढ़ी आप ढोने का प्रयास कर रहे हैं।

इस सूची में धर्म के क्षेत्र को छोड़ दिया गया है। जब आपकी परवरिश होती है तो धर्म के आधार पर आपको तरह-तरह की नैतिक शिक्षा दी जाती है।

धर्म के जरिए आपको जीने का मार्ग दिखाने का प्रयास किया जाता है। आप धार्मिक उपदेशों को भी इस सूची में दर्ज कर सकते हैं। धर्म से जुड़ी धारणा, कथाएं, पाठ, सिद्धांत आदि हो सकते हैं जिनके बारे में बचपन में आपको बताया गया।

क्या कभी आपको परिवार में नियमों को लेकर टकराव का सामना करना पड़ा? या क्या आपके माता-पिता ने कभी नियमों का विरोध जताया? ऐसी परिस्थिति में एक व्यक्ति के स्वीकारयोग्य और अपेक्षित व्यवहार का सच दूसरे व्यक्ति के सच से भिन्न हो सकता है। तो फिर सही किसे ठहराया जाएगा?

यह कुछ-कुछ शरीफ के चश्मे से दुनिया को देखने की तरह है, जिसमें आपके नियम, आपकी धारणा प्रणाली के अंग बनते जाएंगे, जैसा कि किसी अन्य व्यक्ति के साथ भी ऐसा ही होता है। अगर एक ही छत के नीचे दो परस्पर विरोधी प्रणाली हो तो आप भाषा को लड़ते हुए पाएंगे। बच्चों की यह स्थिति दुविधा से भरपूर हो सकती है। जैसा वे अपने भीतर महसूस करते हैं और जैसा बाहर सुनते हैं। उन दोनों के बीच तो टकराव होती ही है, साथ ही उन्हें नाटकीय रूप से परस्पर विरोधी सच के बारे में भी सुनना पड़ता है।

स्वाभाविक गुण और भाषा

ऊपर दी गई सूचियों को देखकर और संभवतः अपनी तरफ से भी कुछ जोड़कर अब शायद आपके लिए यह कुछ स्पष्ट हो गया होगा कि आपके जीवन को आकार प्रदान करने में भाषा की कैसी महत्वपूर्ण भूमिका रही है। शब्द आपके आत्मविश्वास को बुरी तरह जख्मी कर उसे कमजोर बना सकते हैं। चुभने वाली कड़वी और कभी-कभी क्रूर बातें जो आपसे कही गई उनकी वजह से आपका आत्मविश्वास कमजोर होता चला गया।

इस तरह से इस्तेमाल की जाने वाली भाषा आपके स्वाभाविक गुणों की

हत्या कर देती है। जो शब्द आपसे बार-बार कहे गए वे शब्द ऐसे नियम बनते गए जिनके आधार पर आपके लिए जिन्दगी गुजारना लाजिमी हो गया। चूंकि उन शब्दों को आपने आरंभ में ही जज्ब कर लिया, इसीलिए आपके दिमाग में भी नियमों की एक पुस्तिका मौजूद हैं जो आपको बताती है कि आपको क्या करना चाहिए और क्या नहीं करना चाहिए। इसकी वजह से आपके स्वाभाविक गुणों को विकसित होने का मौका नहीं मिल पाता।

स्वाभाविक गुणों की कमी का अर्थ है कि हर घटना पर विचार हो चुका हैं, हर चिंता मिट चुकी है, हरेक संभावना का विश्लेषण हो चुका है। आप प्रत्येक कार्य के परिणाम के बारे में चिंतित रहते हैं, आप खुद से ही पूछते रहते हैं, ''क्या होगा अगर...''

''क्या होगा अगर...'' दिमाग का काफी स्थान, समय और ऊर्जा घेर लेता है। प्रत्येक संभावित परिणाम पर विचार करना, प्रत्येक संकट पर गौर करना थका देने वाली प्रक्रिया है। जिस समय आप चिंतित रहते हैं कि क्या होने वाला हैं, आप इस बात की तरफ गौर नहीं करते कि वर्तमान में क्या हो रहा है। (यह तरीका बचपन में भले ही आपके लिए कारगर रहा होगा लेकिन वयस्क होने पर इसकी कोई उपयोगिता नहीं रह जातीं।)

जब आप वर्तमान की तरफ से नजर फेर लेते हैं तो इसका अर्थ होता है कि आप संकट को नजरअंदाज कर रहे हैं, अगर आप वर्तमान में नहीं जीते और एक किस्म की काल्पनिक दुनिया में रमे रहते हैं... ''ऐसा हो सकता है या वैसा हो सकता है'' तब आप अपने स्वभाविक गुणों से बहुत दूर हो जाएंगे और निर्धारित नियमों का पालन करते रहेंगे।

ये तमाम नियम आपको सीमित कर देते हैं और आप खुद पर ही बंदिश लगा देते हैं। ये नियम आपको संकीर्ण और छोटे दायरे में बंद रखते है और आप स्वीकार योग्य तथा अच्छे व्यवहार की सीमा रेखा को लांघ नहीं सकते। इन नियमों को तब तैयार किया गया था जब आप छोटे थे और आप उन नियमों को अभी भी नहीं भूले हैं। ये नियम आपके दिमाग में मौजूद रहते हैं और आप जो भी करते हैं। ये नियम आपका मार्गदर्शन करते रहते हैं।

कल्पना कीजिए कि आप किसी बैठक में भाग ले रहे हैं। आपका एक हिस्सा जहां बैठक की कार्यवाही में शामिल हो रहा होता है वहीं आपका दिमाग आपसे कहता रहता है, ''मेरे लिए मुंह बंद करके बैठना ठीक रहेगा, मेरे विचार किसी काम के नहीं हैं। मैं दूसरों के सामने मूर्ख नहीं बनना चाहता।

पता नहीं सभी मेरे बारे में क्या सोचेंगे। मुझे यकीन है वे लोग मुझे अहमियत नहीं देते। इसीलिए मेरा कुछ बोलना ठीक नहीं रहेगा।'' इसी तरह की नकारात्मक बातें।

हर व्यक्ति के दिमाग में वार्तालाप जारी रहता है- ऐसा न होना असंभव है। लेकिन जरूरत से ज्यादा भले लोग हमेशा आशंका से संबंधित वार्तालाप में मग्न रहते हैं। पिछली बार कब आपने अपनी सराहना की थी जब आपने कोई अच्छा कार्य किया था? शायद नहीं किया, या ठीक से नहीं किया या किसी दूसरे ने सराहना की।

चूंकि कम उम्र में नियमों से आपको परिचित करवाया गया था और वे नियम अब आपके अवचेतन मन में मौजूद हैं, इसीलिए आप उनके बारे में नहीं सोचते। भाषा के प्रति अपनी जागरुकता को बढ़ाकर आप अपने व्यवहार में परिवर्तन करने की दिशा में ठोस कदम उठा सकते हैं।

छोटी-छोटी बातें अहमियत रखती हैं

आपको अपनी भाषा की तरफ गौर करना चाहिए। चूंकि न कहने की कला भाषा के साथ गहराई के साथ जुड़ी हुई है। इसीलिए इस दिशा में शुरुआत करने की जरूरत है। सबसे पहले अपनी आंतरिक भाषा पर ध्यान दें। अपने दिमाग में जारी अंतहीन वार्तालाप आपके लिए सबसे आसान क्षेत्र हो सकता है। यह ऐसी स्थिति होगी जहां केवल आपको पता होगा कि आप किसी तरह का परिवर्तन कर रहे हैं और इसके लिए आपको जोर से बोलने की जरूरत नहीं पड़ेगी।

अगली बार जब अपने दिमाग की आवाज सुनें तो उसे धन्यवाद कहें और सुझाव दें कि हमेशा निंदा करने की जगह कभी-कभी उसे आपकी सराहना भी करनी चाहिए।

अगला कदम होगा कि अपने मुंह से निकलने वाले शब्दों की तरफ ध्यान दें। बदलने की जरूरत नहीं है, पहले केवल ध्यान देते रहें। शुरु-शुरु में इसे बदल पाना आपके लिए संभव नहीं होगा, लेकिन जब आप अपने शब्दों के प्रति जागरुक रहेंगे तो बोलते समय नए शब्दों का प्रयोग करेंगे और पुरानी आदत से छुटकारा पा सकेगे। ●

शालीनता के साथ न कहने के पांच तरीके

लोग हमेशा आपसे कुछ न कुछ करने के लिए कहते रहते हैं। जिंदगी ऐसी ही होती है। अक्सर हमसे ऐसे वादे करने के लिए लोग कहते हैं जो हमारे लिए असुविधाजनक होते हैं, जिसके लिए हमारे पास समय नहीं होता या जिसे हम दिल से करना नहीं चाहते लेकिन न कहते हुए हमें हिचकिचाहट होती है। इसीलिए जिस बात को हम पसंद नहीं करते, उसके लिए भी तैयार हो जाते हैं।

आपको 'न' कहने की आदत डालनी चाहिए। आपको यह समझना होगा कि जिस बात को आप पसंद नहीं करते, उसके लिए हां कहने से आपके जीवन पर प्रतिकूल प्रभाव पड़ेगा। जब आप हर किसी को हां कहेंगे तो आप अवांछित कार्यों से घिर जाएंगे और कोई भी कार्य संतोषजनक तरीके से पूरा नहीं कर पाएंगे।

सबसे पहले आपको यह सीखना होगा कि किस तरह के कार्यों के लिए आपको हां कहना चाहिए और किस तरह के कार्यों के लिए दो टूक न कहना चाहिए। यह निर्णय आप अपने जीवन की प्राथमिकताओं के आधार पर ले सकते हैं। आपको खुद ही तय करना होगा कि कौन सी चीजें आपके जीवन के लिए अहमियत रखती हैं। इसीलिए सकारात्मक सोच के आधार पर आपको अपने जीवन के लक्ष्यों को निर्धारित करना जरूरी हो जाता है। जब भी आपसे किसी कार्य के लिए कहा जाता है तो अपने लक्ष्यों को ध्यान में रखकर ऐसे कार्य पर विचार करें। आप यह तय करें कि क्या इस तरह का कार्य करते हुए आप अपने लक्ष्यों के नजदीक पहुंच सकते हैं या अपने लक्ष्यों से दूर हो सकते हैं।

जब आप इस नतीजे पर पहुंचते हैं कि आपके लिए न कहना ही उचित रहेगा तो ऐसा करने के लिए कई शालीन तरीके हैं जिन्हें अपनाकर आप दूसरों की भावना को आहत करने से बच सकते हैं और खुद को भी किसी तरह की ग्लानि की भावना से बचा सकते हैं। न कहते समय ईमानदार बने रहने की कोशिश करें। ऐसा करने से आपके मन में किसी तरह के पछतावे का भाव पैदा नहीं होगा।

शालीनता के साथ न कहने के पांच तरीके इस प्रकार है:

1. सीधे तौर पर न कह दें

कभी-कभी सीधे तौर पर शालीनता के साथ न कह देना बेहतर होता है। अगर कोई आपको लगातार ऐसा कार्य करने के लिए कह रहा है जिसे वह स्वयं बखूबी कर सकता है तो ऐसे व्यक्ति से बचने के लिए सीधे 'न' कहना ठीक होगा। इसी तरह जो लोग अक्सर आपसे किसी कार्य के लिए अनुरोध करते रहते हैं उनसे कह दें," मैं जानता हूं आप स्वयं इस काम को मुझसे बेहतर तरीके से कर सकते हैं।

2. व्यस्तता का उल्लेख करें

"मैं फिलहाल कुछ दूसरे कार्यों में व्यस्त हूं।" जब आप व्यस्त हों तब लोगों से स्पष्ट रूप से अपनी व्यस्तता का उल्लेख करें। ऐसा कहने से लोग समझ जाएंगे कि आपके पास समय नहीं है और अपना काम करवाने के लिए वे अन्य उपाय करेंगे। आपको कभी भी किए नए काम को करने के लिए पहले से विचाराधीन कार्य को अधर में नहीं छोड़ना चाहिए।

3. कठिनाई के बारे में बताएं

''मैं इस समय अपने परिवार या कैरियर या निजी जिन्दगी पर ध्यान दे रहा हूं।'' अगर आप जीवन के किसी क्षेत्र में कठिनाई के दौर से गुजर रहे हैं तो किसी के अनुरोध पर अतिरिक्त कार्य का बोझ हरगिज स्वीकार न करें, जरूरी नहीं कि आप अपनी निजी जिन्दगी की कठिनाई का विस्तारपूर्वक वर्णन करें। बस संकेत के जरिए समझा देना काफी करेगा।

4. असमर्थता बताएं

''मुझे नहीं लगता कि मैं इस कार्य को करने के लिए सक्षम व्यक्ति हूं।'' अगर आपको लगता है कि जिस कार्य को करने का अनुरोध आपसे किया गया है उसे करने में आप सक्षम नहीं है तो न कह दें। अपनी असमर्थता जाहिर करते हुए कह दें कि यह एक महत्वपूर्ण कार्य है जिसे अगर मैं करूंगा तो खराब नतीजा सामने आएगा। कोई भी व्यक्ति खराब नतीजे के लिए आपसे कार्य करवाना नहीं चाहेगा।

5. विकल्प का सुझाव दें

''मैं इसे नहीं कर सकता, मगर मैं एक व्यक्ति को जानता हूं जो इसे कर सकता है।'' न कहने के इस तरीके का वैसी स्थिति में प्रयोग करें जब आप जानते हों कि कोई दूसरा व्यक्ति उस काम को कर सकता है और उसके पास पर्याप्त समय भी है। न कहते हए विकल्प का सुझाव देना बेहतर होगा। लेकिन इस बात का ध्यान रखें कि जिस वैकल्पिक व्यक्ति का आप सुझाव दे रहे हैं वह कार्य करने के लिए सहमत भी हो जाए। अगर वह सहमत नहीं होता तो समझा जाएगा कि आपने कार्य को टालने की कोशिश की थी। ●

'न' कहने की शक्ति

'न' एक सरल शब्द है जो महज एक अक्षर का है। लेकिन हममें से ज्यादातर लोगों के लिए 'न' का उच्चारण कर पाना कठिन होता है। ज्यादातर लोग यही कहते सुनाई देते हैं, "मुझे खुशी होगी..." या, आपको कब मेरी जरूरत है..."

जब बच्चे दो साल के होते हैं तो उनके मुंह से 'न' निकलता है। उस समय बच्चे के जीवन पर माता-पिता का शासन चलता है। छोटे बच्चे के मुंह से मां-बाप 'न' सुनना पसंद करते हैं।

जब हम लोग बड़े होते हैं तो हमें सबको खुश रखने की नसीहत दी जाती है। हमारे शब्द कोष से 'न' शब्द गायब हो जाता है। हम दूसरों को खुश रखने के लिए कई तरीकों का ईजाद कर लेते हैं। बड़े और ताकतवर लोगों के सामने

'न' कहने की उम्मीद नहीं की जाती। जबकि मन ही मन हम सभी जानते हैं कि 'न' कह देने से हम जीवन की अनेक कठिनाइयों से बच सकते हैं।

- **कमजोर 'न'**

कमजोर 'न' के साथ बहाने और तर्क होते हैं। जब आपके भीतर आत्मविश्वास नहीं होता तो 'न' कहते समय अपने इनकार के समर्थन में आप बहाने बनाते हैं ताकि सामने वाले व्यक्ति को आपकी निष्ठा पर यकीन हो सके।

ऐसी स्थिति में आप 'न' कहने के लिए माफी मांगने के लिए भी तैयार हो जाते हैं। इस तरह से 'न' कहने पर उल्टा प्रभाव पड़ सकता है और यही संदेश निकल सकता है कि आप कार्य नहीं करने के लिए झूठे बहाने बना रहे हैं।

- **प्रभावशाली 'न'**

यह आक्रामक तरीके से कहा जाता है। ''आप मजाक कर रहे हैं? जब आप शहर से बाहर जाएंगे तो मैं आपका काम करूंगा?''

कभी-कभी प्रभावशाली 'न' के जरिए अनुरोध करने वाले व्यक्ति पर वार किया जाता है।'' लगता है तुम्हारा दिमाग घूम गया है। मैं ऐसा काम नहीं कर सकता जो मेरे लिए महत्वपूर्ण नहीं है।''

- **जोरदार 'न'**

यह सहज और सीधा होता है। ''नहीं, यह मुझसे नहीं हो पाएगा।'' अगर आपको कारण बताना भी पड़े तो कम शब्दों में सहजता के साथ कहें। "नहीं यह मुझसे नहीं हो पाएगा। मैं अभी किसी दूसरे काम में लगा हूं।''

- **जोरदार 'न' को आसान बनाने के उपाय**

1. अगर कोई आपसे किसी कार्य के लिए अनुरोध करता है तो हमेशा उस पर विचार करने के लिए समय मांगना ठीक रहेगा। जब आप विचार करें तो इस बात का हमेशा ध्यान रखें कि निर्णय आपके ऊपर निर्भर करता है।
2. अपने शरीर की भाषा का प्रयोग जोरदार 'न' कहने के लिए करें। इस बात का ख्याल रखें कि आपकी आवाज दमदार और स्पष्ट हो। 'न' कहते समय सामने वाले व्यक्ति की आंखों में देखें और सिर को हिलाते हुए 'न' कह दें।

3. इस बात को याद रखें कि 'न' कहना एक सम्मानजनक उत्तर होता है। जब आपको लगता है कि किसी बात के लिए इनकार करना उचित रहेगा तो ईमानदारी के साथ 'न' कह दें।
4. जब आप 'न' कहना चाहते हैं और आपके मुंह से 'हां' निकल जाता है तो आप अपने जवाब को लेकर बेचैनी महसूस कर सकते हैं। इस तरह आपकी ऊर्जा नष्ट हो सकती है और अन्य परेशानियों का सामना करना पड़ सकता है। न कहकर आप ऐसी दिक्कतों से खुद का बचाव कर सकते हैं।
5. अगर आप किसी ऐसे व्यक्ति से न कह रहे हैं जिसकी मदद आप किसी अन्य परिस्थिति में कर सकते थे तो स्पष्ट रूप से अपनी व्यस्तता का उल्लेख कर दें। ●

महान कला है न कहना

यह सभी जानते हैं कि अगर आप एक साथ कई वादों को पूरा करने की कोशिश करेंगे तो आप उत्पादक नहीं रह पाएंगे। आपकी उलझनें बढ़ती जाएंगीं और किसी भी काम को अच्छी तरह या समय पर आप पूरा नहीं कर पाएंगे।

हमेशा आपसे अनुरोध किया जाता है और आपसे समय मांगा जाता है- फोन के जरिए, ई-मेल के जरिए या निजी तौर पर। उत्पादक बने रहने के लिए और तनाव से बचने के लिए आपको न कहने की महान कला सीखनी होगी। यह ऐसी कला है जिसे सीखने में ज्यादातर लोग हिचकते रहते हैं।

न कहना इतना कठिन क्यों समझा जाता है? असल में आपको लगता है कि जिससे आप न कहेंगे उसकी भावना आहत हो सकती है, उसे गुस्सा आ सकता

है या वह हताश हो सकता है। इस तरह न कहना आपके लिए आसान नहीं होता। दूसरी बात, जब आपको लगता है कि भविष्य में भी अमुक व्यक्ति की जरूरत आपको पड़ सकती हैं, तब आप उसके साथ बेहतर रिश्ता बनाकर रखना चाहते हैं। इसीलिए आप न कहकर अपने रिश्ते को बिगाड़ना नहीं चाहते हैं।

अगर कोशिश की जाए तो न कहने की कला सीखी जा सकती है। नीचे ऐसे ही तरीकों की चर्चा की गई है:

1. अपने समय का मूल्य समझें

अपनी प्रतिबद्धताओं को समझें और अपने समय का मूल्य समझें। वैसी स्थिति में अगर कोई व्यक्ति किसी नए कार्य के लिए आपसे समय देने की मांग करता है, तो आप निर्णय कर सकते हैं कि आपके लिए ऐसा कर पाना संभव नहीं होगा। आप उस व्यक्ति से कह सकते हैं, ''मैं अभी नहीं कर सकता, मेरे पास अभी बहुत सारे कार्य हैं।''

2. अपनी प्राथमिकताओं को समझें

मान लीजिए आपके पास कुछ खाली समय है (जो आज के युग में लोगों के पास कम ही होता है) तो भी आप यह सवाल अपने आपसे पूछें कि जो नया काम आप लेने जा रहे हैं, उसे करने के लिए अपने खाली समय को खर्च करना उचित होगा? अगर आप लोगों को संतुष्ट करने में व्यस्त रहेंगे तो अपने परिवार के लिए आपके पास समय नहीं बचेगा। पत्नी और बच्चों के साथ समय गुजारना दूसरों को संतुष्ट करने की तुलना में अधिक महत्वपूर्ण बात हो सकती है।

3. न कहने का अभ्यास करें

अभ्यास करने से आदत विकसित की जा सकती है। दैनिक जीवन में अक्सर न कहने का अभ्यास करते रहने से इस आदत का आप निजी जीवन में विकास कर सकते हैं। और कई बार अड़ियल स्वभाव के व्यक्ति के सामने इस शब्द को बार-बार दोहराकर आप दबाव में आने से बच सकते हैं। जब भी कोई दबाव डालने की कोशिश करे आप सहजता के साथ इनकार कर दें। इस तरह ऐसे लोगों से आप अपना बचाव कर सकते हैं।

4. माफी नहीं मांगें

कुछ लोग न कहते समय वाक्य की शुरुआत, ''मुझे खेद है लेकिन...'' जैसे शब्दों के साथ करना शालीनता समझते हैं। हालांकि शालीनता महत्वपूर्ण

होती है लेकिन माफी मांगने से आपका पक्ष कमजोर होता है। अपने समय की सुरक्षा करते समय आपको स्पष्ट होना चाहिए और किसी तरह का खेद जताने से बचना चाहिए।

5. बढ़िया आदमी बनना छोड़े

शालीन होना अच्छी बात है। लेकिन हर किसी के अनुरोध पर बढ़िया आदमी दिखने की कोशिश करने से आपको परेशानी हो सकती है। अगर लोगों को लगता है कि आपके समय (या पैसे) का आसानी से उपयोग किया जा सकता है तो वे लगातार आपकी इस कमजोरी का फायदा उठाते रहेंगे। लेकिन जब आप अपने इर्द-गिर्द दीवार खड़ी कर देंगे तो फिर लोग दूसरे कमजोर व्यक्तियों को ढूंढ़ना शुरु कर देंगे। आप लोगों को जता दें कि आपके समय पर केवल आपका अधिकार है और जो बातें आपकी प्राथमिकताओं में शामिल नहीं है वैसी बातों के लिए सीधे न कर दें।

6. बॉस से न कहें

अक्सर हमें लगता है कि अपने बॉस की हर बात पर हमें हां कहना चाहिए चूंकि बॉस का आदेश मानना हमारी मजबूरी है। हमें लगता है कि अगर हम न कहेंगे तो इस तरह बॉस के सामने हमारी कमजोरी उजागर होगी। लेकिन असल में आप अपने बॉस को भी न कह सकते हैं, आप बॉस को बता सकते हैं कि एक साथ कई दायित्वों को संभालने से आपकी उत्पादकता प्रभावित हो सकती है और आप मौजूदा दायित्व को भी ठीक से पूरा नहीं कर सकते। अगर बॉस आप पर नए दायित्व को संभालने के लिए दबाव डालता है तो उससे कहें कि वह कार्यों की प्राथमिकता नए सिरे से तय कर दे। चूंकि आप एक समय में एक ही काम कर सकते हैं। ●

किस तरह सीमाएं निर्धारित करें और न कहें

हमें दैनिक जीवन में निरंतर दूसरों के अनुरोध का सामना करना पड़ता है। दूसरों की मदद करना भले ही अच्छी आदत कहलाई जाती है लेकिन लगातार ऐसा करते रहने से हम पाते हैं कि अपनी जरूरतें पूरी करने के लिए हमारे पास समय नहीं रह जाता है। जिस तरह के कार्य करने के लिए हमारे पास समय, ऊर्जा या इच्छा न हो, वैसा कार्य दूसरों को खुश रखने के लिए करते रहने से हमारे भीतर हताशा पैदा होने लगती है।

जब भी हमसे कोई कार्य करने के लिए अनुरोध करता है तो हमारे भीतर न कहने की भावना पनपती है लेकिन आत्मविश्वास की कमी के कारण हम न नहीं कह पाते। ऐसा क्यों होता है? इसके निम्नलिखित कारण हैं:

- आपको डर लगता है कि दूसरे आपको नापसंद करेंगे या फिर आपके भीतर सबको संतुष्ट रखने का भाव होता है।
- आप हमेशा अपने आपको व्यस्त रखना चाहते हैं ताकि खुद को आप व्यस्त और महत्वपूर्ण व्यक्ति के रूप में प्रदर्शित कर सकें।

- आपको लगता है कि फुरसत की घड़ी का कोई महत्व नहीं होता और खाली बैठे रहने से बेहतर है कि दूसरे के कार्यों में व्यस्त रहा जाए।
- आपको न कहने के परिणाम से घबराहट होती है और परिणाम के डर से आप न नहीं कह पाते।

जब आप सीमाएं निर्धारित करते हैं और न कहना सीख जाते हैं तो आपके निजी जीवन में सुधार शुरु हो जाता है। इसके लिए आपको स्पष्ट रूप से बोलने की जरूरत होती है और साफ-साफ अपनी मंशा जाहिर करने की जरूरत है। परिजनों, मित्रों एवं सहकर्मियों के अनुरोध से इनकार करने का निर्णय आपका बिलकुल निजी निर्णय है।

कार्यस्थल, परिवार में, मित्रों के बीच आप सूझबूझ, कौशल और सम्मानपूर्वक न कहने की कला सीख सकते हैं। नीचे कुछ ऐसे सूत्रों की चर्चा की गई है जिन्हें अपनाकर आप न कहने की कला सीख सकते हैं:

- **सुनिश्चित कर लें कि आप सारे तथ्यों को जानते हैं**

कोई भी वादा करने से पहले सुनिश्चित कर लें कि जिस काम के लिए आपसे अनुरोध किया जा रहा है उसके बारे में आप भली भांति जानते हैं। अगर पूरी जानकारी न हो तो आप भ्रमित हो सकते हैं और सारे तथ्यों की जानकारी न होने पर आपको निर्णय लेने में परेशानी हो सकती है। आपको अधिकार है कि कार्य के संबंध में सामने वाले व्यक्ति से पर्याप्त सवाल पूछें।

- **अपने आपसे पूछें- क्या यह अनुचित अनुरोध हैं?**

जब भी कोई व्यक्ति अनुरोध करता है तो उसमें उसका अपना स्वार्थ निहित होता है। जिस व्यक्ति से अनुरोध किया जाता है उसके हितों के बारे में विचार नहीं किया जाता। अगर अनुरोध सुनकर आपको लगता है कि यह अनुचित है और आपके लिए असुविधाजनक है तो सीधे न कह दें। जब भी आपके भीतर अनुरोध सुनने के बाद हिचकिचाहट का भाव पैदा हो, वैसी स्थिति में हां कहना सही नहीं होगा।

- **समय लें**

इस तरह का कोई नियम नहीं है कि जब आपसे कोई अनुरोध करे तो तत्काल आपको जवाब देना ही है। अंतिम निर्णय लेने से पहले विचार करने

के लिए समय लें। सहजता के साथ कहें, "इसके बारे में सोचने के लिए मुझे थोड़ा समय चाहिए। सोचकर मैं बताऊंगा।"

- **लक्ष्य तय करें**

जब आप अपना लक्ष्य निर्धारित कर लेते हैं तो न कहना आसान हो जाता है। जब आप अपनी प्राथमिकताएं निर्धारित कर लेते हैं तब यह तय करना मुमकिन हो जाता है कि अपने हितों को नुकसान पहुंचाए बिना आप दूसरों के लिए कितना समय खर्च कर सकते हैं। आपका प्राथमिकताओं के विपरीत अनुरोधों को ठुकराना तब आपके लिए आसान हो जाएगा।

- **बहाने या माफी के बगैर साफ-साफ बोलें**

जब आप सभी तथ्यों को जानते हैं और आप न कहने का फैसला कर चुके होते हैं तो शांत भाव के साथ स्पष्ट रूप से न कह दें। जोरदार आवाज, अनुकूल शारीरिक भंगिमा और आंखों के भाव से आप सामने वाले को बता दें कि अपने निर्णय को लेकर आप गंभीर और अटल हैं।

कमजोर न बनें। बिना किसी हिचकिचाहट के न कह दें। अगर आप हिचकिचाएंगे तो ऐसा लगेगा मानो अपने निर्णय को लेकर आप स्वयं असमंजस में हैं। अगर आप कहते हैं- "मुझे खेद है लेकिन..." तो आपका पक्ष कमजोर माना जाएगा। जब आप तय कर लेते हैं कि कहां कहना आपके हित में नहीं है तो बहाना बनाने या माफी मांगने की कोई जरूरत नहीं है।

- **दबाव से न घबराएं**

अगर आपको लगता है कि सामने वाला व्यक्ति आपसे अपनी बात मनवाने के लिए दबाव डाल सकता है तो घबराएं नहीं। अपने निर्णय को मन ही मन दोहराएं। अपना पक्ष स्पष्ट रूप से सामने रखें और किसी तरह के दबाव में निर्णय को बदलें नहीं। न कहने का मतलब न होना चाहिए और आपको अपने निर्णय पर कायम रहने का पूरा अधिकार है।

- **न कहने के निर्णय को अपने हित में समझें**

न कहने के अपने निर्णय को स्वयं के लिए उपकारी और असुविधाजनक समझें। इस बात को समझें कि आपने विवेक का प्रयोग करते हुए न कहने का निश्चय लिया है जो आपके हित में है। ●

मुश्किल नहीं है न कहना

क्या आप कार्य के बोझ से लदे हुए हैं और तनावग्रस्त हैं? आज के व्यस्त दौर में आप अकेले ऐसे व्यक्ति नहीं हैं। अगर आप तनाव से बचना चाहते हैं और अपने समय पर नियंत्रण रखना चाहते हैं तो नए कार्य के लिए न कहने की आदत आपको डालनी होगी। कई बार आप न कहना चाहते हैं लेकिन हिचकिचाहट की वजह से आप हां कह देते हैं और अतिरिक्त कार्य के बोझ से परेशान हो उठते हैं। अगर आप न कहना सीख जाते हैं तो इस तरह खुद का और अपने प्रिय जनों का उपकार करते हैं। इस तरह तनाव का स्तर घटाया जा सकता है और महत्वपूर्ण कार्यों के लिए समय का सदुपयोग किया जा सकता है।

कैसे कहें नः

1. सिर्फ इतना कहें, "मैं अभी नहीं कर सकता।" सहानुभूति पूर्ण लेकिन गंभीर आवाज का प्रयोग करें। अगर आपसे कारण पूछा जाए तो कहें कि आप दूसरे कार्य में व्यस्त हैं और बातचीत का विषय बदल दें। ज्यादातर समझदार लोग आपके जवाब से संतुष्ट हो जाएंगे, लेकिन अगर कोई व्यक्ति अपनी बात मनवाने के लिए लगातार दबाव डालता रहे तो फिर दोहराएं, "अभी मैं दूसरे कार्य में व्यस्त हूं।" फिर विषय बदल दें या जरूरत पड़े तो उस जगह से हट जाएं।
2. अगर स्पष्ट शब्दों में इनकार करते हुए आप असुविधा महसूस करते हैं या अनुरोध करने वाला कोई अड़ियल आदमी हो तो आप कहें, "पहले मैं इस पर सोचूंगा, फिर बताऊंगा।" ऐसा कहने पर आपको अपनी कार्ययोजना की समीक्षा करने का मौका मिल जाता है, आप लागत-खर्च का विश्लेषण कर सकते हैं। किसी नए कार्य को स्वीकार करने के परिणाम का अंदाजा लगा सकते हैं और इन बातों के आधार पर अपना जवाब दे सकते हैं। यह तरीका अपनाने से आप अतिरिक्त कार्य के बोझ से अपने आपको बचा सकते हैं।
3. अगर आपको किसी व्यक्ति का अनुरोध पसंद आता है मगर उस कार्य के लिए आपके पास पर्याप्त समय नहीं है तो आप कह सकते हैं, "मैं यह नहीं कर सकता। लेकिन मैं इसे करने की कोशिश कर सकता हूं।" और उस कार्य के मामूली हिस्से को करने का वादा आप कर सकते हैं। इस तरह आप आंशिक रूप से कार्य से जुड़ेंगे, लेकिन ऐसा आप अपनी शर्तों पर करेंगे।

● जरूरी टिप्स

1. न रक्षात्मक बनने की कोशिश करें न ही खेद जताएं। स्पष्ट और शालीन तरीके से न कहें। इस तरह सामने वाले व्यक्ति को संकेत मिलेगा कि आप सहानुभूति शील हैं मगर दबाव में आकर निर्णय बदलने वाले नहीं है।
2. अगर आप किसी व्यक्ति को बाद में जवाब देना चाहते हैं तो तथ्यों पर ध्यान दें और व्यक्ति को आश्वस्त करने के अंदाज में जवाब न

दें। अगर व्यक्ति को लगेगा कि आपका जवाब 'हां' हो सकता है तो बाद में न सुनने पर वह अधिक निराश होगा।

3. अगर आपसे न कहने का कारण पूछा जाता है तो हमेशा याद रखें कि आप दूसरों की बात मानने के लिए विवश नहीं है। आप कह सकते हैं, "मेरी व्यस्त दिनचर्या में यह संभव नहीं है।"

याद रखें कि कार्य करने के घंटे सीमित होते हैं। कोई भी नया कार्य स्वीकार करने का अर्थ है मौजूदा कार्य का प्रभावित होना। किसी भी नए कार्य के बदले आपको स्वयं की देखभाल या विश्राम के लिए निर्धारित घड़ियों की कुर्बानी देनी पड़ती है। ●

गरिमा के साथ कहें न

किसी परिचित मित्र के अनुरोध को ठुकराना आसान नहीं होता, लेकिन यह अक्सर आवश्यक हो जाता है। जब आप अनुरोध को स्वीकार करने की स्थिति में नहीं है तो स्वयं को संतुलित करें और अपना आपा खोए बिना इनकार कर दें। अगर आप न कहने के लिए तैयार नहीं होंगे तो हमेशा आपके मुंह से हां ही निकलता रहेगा।

जरूरी कदम

1. अनुरोध को ध्यानपूर्वक सुनें

जब कोई व्यक्ति आपसे अनुरोध कर रहा हो तो उसे बीच में नहीं टोकें और उसकी पूरी बात को ध्यानपूर्वक सुनें।

2. अपने 'न' को यथासंभव संक्षिप्त बनाएं

न तो अपनी आवाज ऊंची करें न ही झुंझलाएं। सीधे कह दें कि अभी आप यह काम नहीं कर सकते। जब भी न कहें तो आत्मविश्वास के साथ सधी हुई आवाज में कहें ताकि आपके जवाब का प्रभाव सामने वाले व्यक्ति पर पड़े।

3. विस्तार से कारण बताने की जरूरत नहीं है

न कहने के पीछे जो भी कारण आपके पास है उसे विस्तार से बताना जरूरी नहीं है। अगर आपसे कारण पूछा जाता है तो कह दें, "मैं नहीं कर पाऊंगा।" इतना कहकर ही विषय की चर्चा छोड़ दें।

4. सहजता के साथ अपनी मर्जी से वजह बताएं

अगर आपको लगता है कि न कहने की वजह का उल्लेख करना जरूरी है तो सहज तरीके से वजह बताने की कोशिश करें।

5. निर्णय पर अडिग रहें

अगर अनुरोधकर्ता आपके न को स्वीकार करने के लिए तैयार नहीं है तो उसे साफ शब्दों में बता दें कि आप अपने निर्णय को किसी भी हालत में बदलने वाले नहीं है।

उपयोगी टिप्स

- शालीनता का बर्ताव करें। भले ही अनुरोधकर्ता शालीन न हो।
- अगर आपके न कहने से किसी को परेशानी होती है तो शांत बने रहें और संभव हो तो वहां से हट जाएं।
- अपने न कहने का कारण बताते समय झूठ का सहारा नहीं लें।
- न कहने से पहले कहें, "आप क्या कहना चाहते हैं मैं समझ रहा हूं", इस तरह सामने वाले को निराशा नहीं होगी।

अपराधबोध के बिना न कैसे कहें

'न' एक सामान्य शब्द है लेकिन कभी-कभी इसका इस्तेमाल करना अत्यंत कठिन हो जाता है। इस शब्द का प्रयोग लोग अपने जीवनसाथी या बच्चों के साथ धड़ल्ले से करते हैं, लेकिन जब परिवार से बाहर किसी को न कहने की नौबत आती है तो व्यक्ति को हिचकिचाहट महसूस होती है।

यह तय करना आवश्यक है कि कब और कैसे न कहा जाए। इसका अर्थ यह नहीं कि आप केवल अपने स्वार्थ की चिंता करें और कभी दूसरों की मदद न करें। लेकिन समस्या तब पैदा होती है जब आप हर किसी की बात को मानकर स्वयं तनावग्रस्त हो जाते हैं।

- **जब आप वास्तव में कुछ करना चाहते हैं तभी हां कहें**

जब आपको किसी का अनुरोध सुनकर लगता है कि आपको वह काम करना चाहिए या वह काम आपके जीवन के लक्ष्य या सफलता की परिभाषा के अनुकूल है, वैसी स्थिति में ही हां कहें।

● न कहने के लिए जरूरी नहीं कि आप व्यस्त ही हों

अगर आपने शाम का कार्यक्रम बच्चों के साथ घर पर रहकर टीवी देखने और फुरसत के पल गुजारने का बना रखा है और तभी आपको कहीं आमंत्रित किया जाता है तो इसका अर्थ यह नहीं कि आपको आमंत्रण स्वीकार कर लेना चाहिए। अपने लिए समय निकलना उतना ही महत्वपूर्ण है जितना दूसरों के लिए समय निकालना। अपने समय के मूल्य को समझने की कोशिश करें। एक बात हमेशा याद रखें कि जब आप किसी बात के लिए हां कहते हैं तो उसके बदले में किसी दूसरी बात के लिए न कह रहे होते हैं।

जब भी ऐसा होता है तब आप परिवार, कैरियर, अध्यात्म जैसे जीवन के महत्वपूर्ण पहलुओं को नजरअंदाज कर रहे होते हैं। उदाहरण के तौर पर आपके बच्चे के स्कूल की समिति की मदद करने का अनुरोध किया जाता है और समिति के कार्यों में उलझकर आप अपने बच्चे को ठीक से समय नहीं दे पाते। इसी तरह चंदा मांगने वालों को हमेशा हां कहकर आप अपने वित्तीय भविष्य को न कह रहे होते हैं।

● तुरंत हां नहीं कहें, पहले सोचने के लिए समय लें

जब भी आपसे किसी काम के लिए अनुरोध किया जाता है तो अपने हाथ के कार्यों का जायजा लें। एक बार गहरी सांस लेकर विचार करें। नहीं तो आप हर किसी को हां कहते रहेंगे और काम का बोझ बढ़ जाने पर आपका जीना मुहाल हो जाएगा।

● अभ्यास करते रहने से न कहना आसान हो जाता है

जब पहली बार किसी को न कहना पड़ता है तो परेशानी महसूस होती है। लेकिन जब आपको लगता है कि न कहने का निर्णय लेकर आपने सही कदम उठाया है तो इस तरह आपका आत्मविश्वास बढ़ जाता है। यह दक्षता अभ्यास से सीखी जा सकती है और जितना अधिक आप इसका प्रयोग शुरु कर देते हैं उतना ही यह कहना आसान होता जाता है।

● जब हां कहकर आपको भीतर ही भीतर बेचैनी होती है तो इसका अर्थ है आपको न कहना चाहिए था

अपने लिए खुद की सलाह पर ध्यान दें। आप न चाहते हुए भी जब हां कह देते हैं, तो आपके भीतर स्वाभाविक रूप से बेचैनी का भाव पैदा होता है। बेचैनी के भाव का नतीजा आपके लिए अनुकूल नहीं हो सकता।

● **जब आपको अपनी क्षमता पर भरोसा होता है तब न कहना आसान हो जाता है:** जब आप जोरदार तरीके से न कहते हैं और इसके लिए किसी तरह की माफी नहीं मांगते तो इस तरह आपका आत्मविश्वास झलकता है और अपनी योग्यताओं के प्रति आपकी दृढ़ता मजूबत हो जाती हैं। कुछ लोग न कहने के बाद सफाई देने में जुट जाते हैं जिससे आत्मविश्वास की कमी उजागर होती है।

● **आपको शुष्क या बदमिजाज होने की जरूरत नहीं**- न कहने के कई तरीके हो सकते हैं, जैसे- ''मैं अभी आपकी मदद नहीं कर सकता,'' ''मैं यह काम अगले महीने ही कर सकता हूं,'' ''यह मेरे लिए मुमकिन नहीं है'' या फिर सहजता के साथ कह दें- ''नहीं, धन्यवाद।'' ●

न कहने के उपयोगी सूत्र

जीवन को सुखद बनाए रखने के लिए न कहने के उपयोगी सूत्रों को जानना बेहद आवश्यक हैं। इन्हीं सूत्रों की चर्चा यहां की जा रही हे–

1. संक्षेप में कहें

अपने जवाब को संक्षेप में कहें और सीधे शब्दों में कहें। अपने जवाब के पक्ष में सफाई देने से बचें।

2. शालीन बने रहें

अनुरोध करने वाले व्यक्ति के प्रति न कहते समय शालीन बने रहें। जैसे– ''मुझे खेद है कि आज रात मैं आपके साथ डिनर के लिए नहीं जा पाऊंगा। मुझे बुलाने के लिए शुक्रिया।''

3. नियंत्रण रखें

शांत रहते हुए सीधे तौर पर न कहें और अनुरोधकर्ता के प्रति सहानुभूतिशील बने रहें।

4. ईमानदारी बरतें

इनकार करने के लिए ईमानदारी के साथ जवाब देने पर खुल कर अपना पक्ष रखा जा सकता है और इस तरह सामने वाले व्यक्ति पर भी अनुकूल प्रभाव पड़ता है।

5. न कहें और आगे बढ़ें

कई बार अनुरोधकर्ता न सुनने के बाद भी दबाव बनाने की कोशिश करता है जिससे भ्रम की स्थिति पैदा हो सकती है। इसीलिए ऐसी हालत में न

कहकर आगे बढ़ जाना उचित है।

6. अभ्यास करें

जो आपको कहना है, उसका अभ्यास दर्पण के सामने खड़े होकर करें। ऐसा करते समय उस स्थिति की कल्पना करें, जब आपको किसी से न कहना है।

न कहने की छह तकनीकें

1. सहज सीधा न

इस तकनीक के तहत उद्देश्य होता है बगैर माफी मांगे नहीं कहना। सामने वाले व्यक्ति के पास कोई समस्या है और आप उस समस्या को खुद के ऊपर थोपने न दें। सहज सीधा न प्रभावशाली होता है।

उदाहरण: नहीं, नहीं, मैं नहीं कर सकता।

2. अनिश्चित न

इस तकनीक के तहत वर्तमान के अनुरोध को टाला जाता है, ठुकराया नहीं जाता। यह निश्चित रूप से न नहीं होता और इसको लेकर आगे भी बातचीत हो सकती है। अगर आपको लगता है कि बाद में आप अनुरोध मान सकते हैं तो इस तकनीक का इस्तेमाल करें।

उदाहरण: मैं आज रात खत को भेज नहीं सकता, लेकिन कल सुबह भेज सकता हूं।

3. समझदारी से कहा गया न

इस तकनीक के तहत अनुरोध के भाव को समझकर समझदारी के साथ इनकार किया जाता है। इस तरीके से पूरी तरह अनुरोध को नकार दिया जाता है जिसके बाद बातचीत को गुंजाइश नहीं बचती है।

उदाहरण: मुझे मालूम है कि खत जरूरी है, मगर आज रात मैं डाकघर नहीं जा सकता।

4. वैकल्पिक न

यह निश्चित न नहीं होता और इसके जरिए आगे बातचीत जारी रखने की गुंजाइश बची रहती है। इस तकनीक का इस्तेमाल आप वैसी स्थिति में कर

सकते हैं जब आपको लगे कि कोई काम आप कर सकते हैं, लेकिन समय को लेकर आपके मन में अनिश्चितता हो।

उदाहरण: क्या मैं आपके काम से किसी और समय जा सकता हूं?

5. कारण सहित न

इस तकनीक के जरिए न का संक्षिप्त और सही कारण बताया जाता है। जब आप सामनेवाले को दुःखी नहीं करना चाहते, लेकिन अनुरोध न मानने का कारण आपके पास मौजूद हैं।

उदाहरण: मैं आज रात खत भेजने नहीं जा सकता, क्योंकि मुझे अपने दोस्त से मिलने जाना है।

आसान हो सकता है न कहना

आप अपने व्यवहार, अनुभूतियों, जरूरतों और इच्छाओं के प्रति जितने अधिक सजग रहेंगे उतना ही अधिक उनमें परिवर्तन करने में सक्षम भी होंगे, भले ही परिवर्तन सटीक तरीके से न हो पाए। जब आप इस बात पर गौर करेंगे कि आप क्या करते हैं और कैसा महसूस करते हैं तो आपको कामयाबी मिलने लगेगी, तब आप परिवर्तन का अर्थ कामयाबी नहीं समझेंगे। इसके लिए आप सजग रहें।

सजग रहने का अर्थ है कि आप इन पहलुओं का ध्यान रखें:

- **अनुभूतियां**

जब आप किसी ऐसी परिस्थिति का सामना करते हैं जो आपको अपने नियंत्रण से बाहर लगता है तब आपके मन में किस तरह की भावनाएं उमड़ती हैं? दूसरे लोग आपसे क्या चाहते हैं इसकी तुलना में आप अपनी इच्छा की पूर्ति करते समय किस तरह की अनुभूतियों का सामना करते हैं?

- **शारीरिक मुद्राएं**

अपने बारे में लोगों से बात करते समय आपकी शारीरिक मुद्राएं कैसी होती है? जब आप अत्यंत शराफत का परिचय दे रहे होते हैं तो असल में क्या करते हैं?

- **भाषा**

जब आप जरूरत से ज्यादा भले बन रहे होते हैं तब आपके मुंह से किस तरह के शब्द निकलते हैं? 'ग्रहण की गई भाषा' की पहचान करने के बाद आपको छोटे-छोटे बदलाव करने में सहायता मिलेगी।

● दिमाग को आराम दें

आपका बेचारा दिमाग आपके हितों को पूरा करने के लिए जरूरत से ज्यादा मेहनत करता है। आप उसी के आधार पर किसी विचार को सच मानकर उस पर अमल करते हैं। आपके आंतरिक जीवन में कई तरह की धारणाएं मौजूद रहती हैं जो सच हो सकती हैं या नहीं भी, लेकिन आपको उनके सच होने पर यकीन होता है, इसीलिए आप धारणाओं के अनुसार अपने व्यवहार की दिशा निश्चित करते हैं। कोई धारणा सही है या नहीं, इसे जानने का एकमात्र तरीका है कि पूछ लिया जाए। अगर आपको जानकारी नहीं होती तो संभव है कि जो धारणा आपने बना रखी है, हकीकत ठीक विपरीत हो। आप अपनी धारणा को सही मानते रहते हैं और दूसरों की तुलना में अपने पक्ष में सोचते रहते हैं, जो विपरीत भी हो सकती है।

● चयन

अपने दिमाग में हमेशा इस बात को याद रखें कि हमेशा आपके पास पसंद करने का अधिकार रहता है। ऐसा भी समय होता है जब आपको यह महसूस नहीं होता, लेकिन जब भी आपको कोई निर्णय लेना हो तो विकल्पों में चयन करने की आदत डालें। जब आप जानते हैं कि आपने सर्वश्रेष्ठ विकल्प को चुना है तब कार्य पर आपका नियंत्रण रहता है।

● जीवन एक खेल है

अपनी जागरुकता बढ़ाने और अपने व्यवहार को बदलने के लक्ष्य को किसी खेल की तरह समझें। चूंकि इस खेल में एकमात्र खिलाड़ी आप ही होते हैं, इसीलिए आपके सिवा दूसरा कोई जान नहीं पाता कि आप क्या है। आप खेल को पूरी तरह अंजाम तक पहुंचा सकते हैं या बीच में ही छोड़ सकते हैं या खेलने से इनकार कर सकते हैं।

● छोटी-छोटी जीत

अपने आपको रातों-रात नहीं बदला जा सकता। एक ही झटके में संपूर्ण बदलाव लाने की कोशिश न करें- ऐसा मुमकिन नहीं होगा। छोटी-छोटी जीतों को हासिल करें ताकि आप अपने आत्मविश्वास और उत्साह का निर्माण कर सकें।

● मुस्कराहट पर नियंत्रण

जब आप मुस्करा देते हैं तो इसका सीधा अर्थ यही समझा जाता है कि आप गंभीर नहीं हैं। इसे देखकर कोई व्यक्ति अपने अनुरोध पर आपको नए सिरे से विचार करने के लिए कह सकता है, जिस अनुरोध को आप ठुकरा चुके होते हैं चूंकि वे आपके चेहरे पर मुस्कराहट देखकर आपकी नरमी को भांप लेते हैं। वे अपने आपसे कह सकते हैं कि वे जो कर रहे हैं उसे आप दिल की गहराई से पसंद करते हैं। यह महत्वपूर्ण है कि जिस तरह आप चाहते हैं कि दूसरे आपको गंभीरता से लें, उसी तरह आप भी अपने आपको गंभीरता से लें।

● सीधे आंखें में देखें

कुछ लोगों के लिए किसी दूसरे व्यक्ति की आंखों में देर तक देखना अत्यंत कठिन होता है। जब आप आंखों में न देखकर दूसरी तरफ देख रहे होते हैं तो इसका यह अर्थ निकलता है कि जिस विषय की बात हो रही है उसमें आपकी कोई दिलचस्पी नहीं है। जब कोई व्यक्ति आपके चेहरे को ठीक से देख नहीं पाता तो वह आपके शब्दों की गंभीरता को भी महसूस नहीं कर पाता।

● अपनी जगह खड़े रहें

जब आप पीछे की तरफ खिसकते हैं तो इसका प्रभाव नहीं पड़ता। यह कमजोरी समझी जाती है। तब आपके उद्देश्य का सही संकेत नहीं मिल पाता। जब आप पीछे खिसकते हैं तो दूसरा व्यक्ति समझ नहीं पाता कि आप ऐसा कर रहे हैं और वह खाली जगह पर अपनी मर्जी से हस्तक्षेप कर लेते हैं। जब आप अपनी जगह पर दृढ़ता के साथ खड़े रहते हैं तो आपके उद्देश्य को बल मिलता है। इसका अर्थ है कि शारीरिक रूप से और मौखिक रूप से आपको अपनी जगह पर दृढ़ रहना चाहिए।

● स्पष्ट स्तर में अपनी बात कहें

जरूरी नहीं कि आप तेज आवाज में अपनी बात कहें। ज्यादातर लोग यही गलती करते हैं। आपको अपने स्तर की तीव्रता से लोगों को यह अहसास कराने की जरूरत नहीं है कि आप क्या चाहते हैं, बल्कि स्पष्ट स्वर में सशक्त तरीके से बता दें कि आपके कहने का क्या अर्थ है।

- **सच कहें**

इस तरह दूसरे व्यक्ति समझ सकते हैं कि आप कैसा महसूस करते हैं। इस तरह आप जता सकते हैं कि दूसरे लोग जो कर रहे हैं या कह रहे हैं, उससे आप सुविधाजनक महसूस नहीं कर रहे हैं। सच बोलना कठिन हो सकता है चूंकि आप कैसा महसूस कर रहे हैं यह उजागर करना आसान नहीं होता। लेकिन यह सीमा निर्धारण और टकराव के समाधान के लिए आवश्यक होता है: इस तरह आपकी स्थिति पूरी तरह स्पष्ट हो जाती है।

- **विषयान्तर न करें**

आप इस तरह के वार्तालाप में उलझ सकते हैं जो आप करना नहीं चाहते मगर दूसरे व्यक्ति के उकसावे में आकर आपको ऐसा करना पड़ता है। वैसी स्थिति में दूसरा व्यक्ति विषय को बदल कर ऐसे तर्क रख सकता है जिससे आप पर दबाव बनाया जा सके।

- **सहमति**

अगर कोई आपसे कहता है कि आप बुद्धू की तरह बात कर रहे हैं तो उससे सहमत हो जाएं। इसके बाद उनके पास बातचीत को आगे बढ़ाने का कोई चारा नहीं बचता। ''लगता है तुम भावुक हो रहे हो, है न ऐसी बात?'' ''हां, तुम सही कह रहे हो।'' ऐसा कहने पर दूसरे व्यक्ति को हथियार डाल देना पड़ता है। इस तरह का बर्ताव एक खेल की तरह किया जा सकता है।

- **आरोप न लगाएं**

अगर आप किसी को बताना चाहते हैं कि उसके व्यवहार को आप पसंद नहीं करते तो वाक्य की शुरुआत इस बात से करें कि आप कैसा महसूस करते हैं, उनमें क्या दोष है- पहले इसका उल्लेख न करें। जब आप आरोप की मुद्रा में किसी तरह उंगली उठाते हैं तो वे बचाव की मुद्रा में आ जाते हैं और आपकी बातें सुनने में दिलचस्पी नहीं रखते।

- **निश्चित बहस करें**

इस बात को तय कर लें कि बहस, तर्क या विवाद को किस दिशा में ले जाना है, उसके लिए निरर्थक बातों से दूर रहें। पुराने तर्कों को बार-बार दोहराने से बचें। इस तरह व्यर्थ के विवाद का समाधान किया जा सकता है।

- **पुल बनाएं**

दूसरे व्यक्ति को कुछ ऐसा दें ताकि बदले में वह भी कुछ आपको देना चाहे। आप किसी को केवल चाय पिलाकर और हमदर्दी जताकर उस व्यक्ति को अपने पक्ष में कर सकते हैं।

- **आप जो चाहते हैं वह क्यों नहीं मिलता इसका पता लगाएं**

इसके पीछे कई वजहें हो सकती हैं कि जो चीज आप चाहते हैं वह दूसरा व्यक्ति आपको क्यों नहीं देता। ठंडे दिमाग से इस बात का पता लगाने की कोशिश करें कि जो आप चाहते हैं वह आपको क्यों नहीं मिलता, इस तरह आप आगे की तरफ कदम बढ़ा सकते हैं।

- **इच्छा में परिवर्तन**

जब आप इस बात का पता लगाते हैं कि क्यों आपकी चाही गई चीज आपको नहीं मिल पाती तो इसका यह अर्थ कतई नहीं होता कि आप कुछ भी हासिल नहीं कर सकते। इच्छा में परिवर्तन कर आप दूसरों से अपने काम की चीजें हासिल कर सकते हैं और छोटी-छोटी जीतों को अपने खाते में दर्ज कर सकते हैं।

- **समय लें**

अपनी अनुभूतियों या निराशा को नियंत्रित करने के लिए पर्याप्त अनुकूल माहौल निर्माण करना तभी संभव हो सकता है जब आप कई छोटे-छोटे कार्य करेंगे। किसी भी परिस्थिति से बाहर रहने के लिए कुछ बहानों को तैयार रखें और किसी भी नतीजे पर पहुंचने से पहले पर्याप्त समझ लें।

- **रफ्तार धीमी करें**

अपनी बात प्रभावशाली तरीके से रखने के लिए मुस्कराहट और छोटे-छोटे वाक्यों का इस्तेमाल करें। अगर कोई व्यक्ति इस उम्मीद से अंतराल जान-बूझकर छोड़ देता है कि आप उसे भरने की कोशिश करेंगे तो ऐसा करने की ललक पर काबू रखें, बदलाव के लिए दूसरे व्यक्ति को असुविधा महसूस करने दें।

- **तीव्रता के साथ 'न' कहें**

बहस के आरंभ में ही अपना सही निशाना लगाएं। आप बाद में अपने निर्णय को बदल सकते हैं। जबकि तेजी से न कहने पर उसका गहरा प्रभाव पड़ेगा और उसे नजर अंदाज कर पाना मुमकिन नहीं होगा।

- **एक मिनट प्रतीक्षा करें**

जब आपको लगता है कि अभी-अभी आपने जो कहा है या किया है, वह सही नहीं है तो यह कहना कारगर हो सकता है, "बुरा मत मानें। एक मिनट प्रतीक्षा करें। नहीं, मुझसे नहीं होगा।" ऐसा कहने पर आप और दूसरे व्यक्ति सजग हो जाते हैं कि आप ठहरना चाहते हैं और थोड़ा वक्त चाहते हैं।

- **विचार को बदल सकते हैं**

तथ्य को जानने के बाद दो मिनट, दो घंटे, दो महीने या दो साल बाद भी आपको विचार बदलने का हक है। हालांकि आपसे बार-बार अपने आश्वासन के प्रति प्रतिबद्धता की याद दिलाई जाएगी, लेकिन समय आने पर आप वैसा करने में सक्षम नहीं होंगे या रुचि नहीं लेंगे।

- **सफाई न दें**

कभी माफी न मांगें, कभी सफाई न दें। दूसरे व्यक्ति को खुद के खिलाफ इस्तेमाल करने के लिए ईंधन की आपूर्ति न करें।

- **संक्षिप्त बातें करें**

बातों को फैलाना ठीक नहीं होता। ऐसा करने से दूसरे व्यक्ति को वह फंदा मिल सकता है जिससे आपको फंसाया जा सकता है। जब भी आपको कुछ कहना हो यथा संभव संक्षेप में कहें।

- **कई विकल्प रखें**

सीधे न कहने की जगह आप यह भी कह सकते हैं कि चूंकि आप कोई मदद नहीं कर सकते, लेकिन ऐसा भी विकल्प हो सकता है जिसमें आपका जुड़ना जरूरी न हो। आप जितना अधिक विकल्प बताएंगे, सामने वाला आप पर उतना ही कम दबाव बनाने की कोशिश करेगा।

- **अपनी बात दोहराएं**

अपनी बात को इस तरह दोहराएं कि दूसरे व्यक्ति को आपकी मंशा ठीक से समझ में आ जाए। इस तरह आप दृढ़ता के साथ अपनी बात पर कायम रह सकते हैं। ऐसा कहते हुए इस बात का भी ध्यान रखें कि कहीं आपके व्यवहार से झुंझलाहट न प्रदर्शित हो।

- **हास्यबोध**

कुछ तनाव को कम करने और कठिन परिस्थिति को सुलझाने के लिए हास्यबोध का सहारा लें। किसी समस्या की गंभीरता से संबंधित दूसरे के नजरिए के अनुसार खुद को बहने देने से रोकने के लिए हास्यबोध बचाव का कारगर साधन है।

- **तथ्यात्मक नजरिए से देखें**

किसी भी समस्या, टकराव या विवाद को तथ्यात्मक नजरिए से देखें। परिस्थिति को किसी तटस्थ पर्यवेक्षक की तरह देखें और इस बात को भूल जाएं कि निष्कर्ष के साथ आपका कोई हित जुड़ा हुआ है।

- **समस्या को नजरअंदाज करें**

किसी समस्या से नहीं जुड़ने का यह एक कारगर तरीका हो सकता है, इसका प्रयोग तब करें जब दूसरे आपके सामने ऐसी समस्या रखते हों जो नितांत उनकी अपनी समस्या हो और आपसे उसका समाधान करने की अपेक्षा रखी जा रही हो, या दूसरे आपके किसी समस्या के साथ जान-बूझकर जोड़ने की कोशिश कर रहे हों। ऐसी हालत में समस्या से अलग हो जानना चाहिए और दूसरों को समाधान ढूंढ़ने के लिए छोड़ देना चाहिए।

- **स्तरीय खेल**

उच्च या निम्न स्तर के व्यवहार के साथ हम जो गुणवत्ता जोड़ते हैं, उसकी यह याद दिलाता है। स्तर की दुहाई देकर जब व्यवहार को बदला जाता है तो विचार को तरजीह नहीं दी जाती।

याद रखें दूसरे लोग तनाव कम करने के लिए स्तरीय खेल की दुहाई देते हैं ताकि वे आप पर अपनी मर्जी थोप सकें।

उच्च स्तरीय व्यवहार के दस सकारात्मक पहलू

- दूसरे व्यक्ति की तुलना में शारीरिक रूप से ऊपर रहें।
- अपना समय लें।
- मौन का इस्तेमाल करें।
- सीधे तनकर खड़े रहें।
- स्पष्ट और सधी हुई आवाज में बात करें।
- अपनी बात दोहराएं।

- बिना टिप्पणी किए सुनें।
- बहस से ऊपर उठें।
- अपनी जगह पर दृढ़ता से कायम रहें।
- दूसरे व्यक्ति की आंखों में झांककर बात करें।
- बनावटी तर्कों से प्रभावित होने से बचें।
- किसी तरह की माफी नहीं मांगें, कोई सफाई नहीं दें।
- स्पष्ट सीमाएं निर्धारित करें।

निम्न-स्तर व्यवहार के सकारात्मक पहलू

- शारीरिक स्तर पर समान रूप से या दूसरे व्यक्ति से झुककर बात करना।
- धीमी, सहानुभूतिशील स्तर में बात करना।
- काफी समझ व झुकाव प्रदर्शित करना।
- दूसरे व्यक्ति की अनुभूतियों के प्रति हमदर्दी जताना।
- दूसरे व्यक्ति के कथन के अनुसार उदास या दुःखी होना।
- जमीन की तरफ देखना।
- सहानुभूति की मुद्रा में शरीर की भाषा का इस्तेमाल करना।
- बार-बार माफी मांगना और सफाई देना।
- स्पष्ट सीमा रेखा को दर्शाना।

स्थिति में परिवर्तन

जब स्थिति में काफी अंतराल हो तब माता-पिता या किसी दूसरे व्यक्ति के साथ बात करते समय इन बातों का ध्यान रखना उपयोगी साबित हो सकता है:

- इस बात को जताने की कोशिश न करें कि सामने वाला व्यक्ति गलत है या न ही सामने वाले को यह यकीन दिलाने की कोशिश करें कि आप सही हैं।
- जितना संभव हो उतना धैर्य का परिचय दें।
- दूसरा व्यक्ति क्या कह रहा है उसे गौर से सुनें और उसकी अनुभूतियों का सम्मान करें।
- बचकानी किस्म की बहस से दूर रहें।
- जिसके बारे में सफाई देना संभव न हो। उसके बारे में सफाई देने से बचें।

- दूसरे व्यक्ति पर अपने जीवन नियंत्रित करने का आरोप न लगाएं, भले ही आपको वैसा महसूस हो रहा हो।
- वाद-विवाद को आगे न बढ़ाएं।
- आप जिस मुद्दे की बात करते हैं उस पर कायम रहें।

दूसरों को बदलने के लिए पहले अपने आपको बदलना होगा

ऐसा करने के लिए यह पुस्तक आपको अपने आप में बदलाव लाने में मदद करेगी। आप यह उम्मीद करना छोड़ देंगे कि दूसरे आपके जीवन को बदल देंगे और आपके जीवन को आसान बना देंगे। इसका अर्थ है कि आपको जीवन का नियंत्रण अपने हाथ में लेना होगा।

इस पुस्तक से आपको यह प्रेरणा मिलेगी कि मानसिक सिर्फ रूप से पीड़ित बने रहने से बेहतर है मानसिक रूप से सक्षम इंसान बना जाए और अपने भाग्य का स्वयं निर्माता बना जाए। उसके बाद केवल आपको सतत अभ्यास करने की जरूरत होगी। ●

क्या आप टकराव को टालना पसंद करते हैं?

जो भले लोग होते हैं वे टकराव पसंद नहीं करते। आप टकराव के साथ कैसे निपटते हैं? क्या आप उत्तेजित होकर बहस करते हैं या असहमति जताने के लिए कोई शांति प्रिय तरीका अपनाते हैं? क्या आप उन लोगों में से हैं जो अपने दर्द की परवाह किए बगैर दूसरे व्यक्ति की भावना को ठेस न पहुंचाने का अधिक ध्यान रखते हैं? क्या आप उन व्यक्तियों में से हैं जो टकराव की नौबत आने से पहले किनारे की तरफ दुबक जाना पसंद करते हैं?

जब आप जरूरत से ज्यादा भले व्यक्ति होंगे तो अमूमन आप विवाद, झगड़ा और बहस को पसंद नहीं करते होंगे। अगर आपके इर्द-गिर्द अशांति का माहौल होगा तो उससे आपके भीतर की अशांति प्रतिबिंबित हो सकती है, इसीलिए आप कुछ कौशल अपना कर ऐसा दर्शाएंगे मानो आपके इर्द-गिर्द किसी प्रकार की अशांति नहीं है।

हो सकता है आप अस्थायी रूप से बहरे बन जाएं और दूसरे लोग जो भी कह रहे हों, उन्हें न सुनने का दिखावा करें। हो सकता है, आपने घटनाक्रम से खुद को अलग-थलग रखने की दक्षता विकसित कर ली हो, जैसे आप बहाना बना सकते हैं कि आपको एक जरूरी मीटिंग में जाना है या ट्रेन पकड़नी है। इस तरह के कई बहाने आजमा कर आप जंग के मैदान से पलायन कर सकते हैं।

क्या आप शांति बनाए रखने के पक्ष में हैं?

आप स्विटरजरलैण्ड की भूमिका निभा सकते हैं? एक ऐसा देश जो युद्धरत राष्ट्रों के बीच पूरी तरह तटस्थ दर्शक बना रहता है। आप ऐसे व्यक्ति हो सकते है। जो दोनों पक्षों के तर्कों को सुनता तो है मगर कभी किसी पक्ष का समर्थन नहीं करता। या आप ऐसे व्यक्ति हो सकते हैं जो अपनी सहमति या असहमति को कभी खुलकर व्यक्त नहीं करता।

ऐसा भी हो सकता है कि आप किसी कठिन या तनावपूर्ण परिस्थिति को हल्का बना देते हों ताकि आपको किसी समस्या की गंभीरता का सामना नहीं करना पड़े। इस तरह आप चीजों को सतह पर रखते हैं और उससे आगे बढ़ना आपके लिए परेशानी की बात बन जाती है।

क्या आप अपने आपको इस कदर अदृश्य नुमा या आत्मलीन प्राणी बना सकते हैं जो किसी झमेले की गंध पाते ही आसानी से गायब हो सकता है? या आप पहले बताए जा चुके तटस्थ रूख को अपनाकर खतरे को अनदेखा कर सकते हैं। आप सच के क्षण को टालने के लिए हिचकिचा सकते हैं, झूठ का सहारा ले सकते हैं ताकि आप बाद में किसी भी विवाद से खुद को बचा सकें।

आप टकराव को इस कदर नापसंद करते हैं कि हवा में इसकी गंध पाते ही हथियार डाल देते हैं। हो सकता है आप हल्का प्रतिरोध जताते हों, लेकिन आप जानते हैं कि अंत में आप दूसरे की मर्जी को स्वीकार लेंगे। उन्हें जो भी चाहिए दे देंगे, उन्हें मनमर्जी करने देंगे, उन्हें यह मान लेने देंगे कि वे सही हैं और आप गलत हैं।

जब आप असहमत होंगे तब भी सहमति का प्रदर्शन करेंगे। आप दूसरे व्यक्ति के गलत तर्कों को भी स्वीकार करेंगे और गलत बचाव को भी स्वीकार करेंगे। आप किसी दूसरे के गलत बर्ताव को तर्कसंगत ठहराने की कोशिश करेंगे ताकि आप को खुद के आहत या परेशान होने की बात जाहिर न करनी पड़े और विवाद शुरू न करना पड़े। ऐसा भी हो सकता है कि दूसरे को परेशान देखकर आप माफी मांगें जबकि उस मसले में आपकी कोई गलती न हो।

जरा इस उदाहरण को देखिए:

दूसरा व्यक्ति आपका भागीदार, सहकर्मी, मित्र, रिश्तेदार, जीवनसाथी या कोई भी हो सकता है। इससे फर्क नहीं पड़ता। अभ्यास के लिए आप किसी ऐसे व्यक्ति की कल्पना कर सकते हैं जिससे आपको कठिनाई होती है और उससे वार्तालाप की आप कल्पना कर सकते हैं।

दूसरा व्यक्ति:- क्या तुम मेरा एक काम करोगे?

आप: पहले यह तो पता चले काम क्या है।

दूसरा व्यक्ति: ट्रांसपोर्ट ऑफिस में मेरा एक पैकेट बाहर से आया है। तुम कार चलाकर जाओ और मेरा पैकेट ला दो।

आप: लेकिन, लगता नहीं मैं ला पाऊंगा। मुझे दिन भर व्यस्त रहना होगा।

दूसरा व्यक्ति: थोड़ी देर के लिए जाने से क्या फर्क पड़ता है? देखो, मैं दिन भर यही करना रहूंगा। किसी न किसी को तो यह लाना ही होगा।

आप: ठीक है, लेकिन ऐसा करना मेरे लिए आसान नहीं होगा। मैं उस तरफ जाऊंगा नहीं। मुझे लगता नहीं कि मैं यह काम कर पाऊंगा।

दूसरा व्यक्ति: छोड़ो भी, यह तुम्हारे लिए मुश्किल काम नहीं है, तुम हमेशा दूसरों की मदद करते हो। मैं जानता हूं मैं तुम पर भरोसा कर सकता हूं।

आप: यह ठीक है लेकिन पहले से ही कई काम करने के बारे में मैंने सोच रखा है। मुझे लगता है उसमें कोई फेरबदल करना ठीक नहीं होगा।

दूसरा व्यक्ति: तुम भी कैसी अजीब बात कर रहे हो। तुम पहले से जो कुछ सोचते हो, जरूरी नहीं कि वह महत्वपूर्ण हो ही। यह काम सचमुच महत्वपूर्ण है।

आप: मैं ठीक से कह नहीं सकता, मैं निश्चित नहीं हूं।

दूसरा व्यक्ति: अब छोड़ो भी। हम लोग यहां दिन भर खड़े-खड़े बहस नहीं कर सकते। समय गुजरता जा रहा है, तुम मुझे निराश नहीं करोगे, है न?

आप: मुझे लगता है-

दूसरा व्यक्ति: ठीक है, मैं जानता हूं मैं तुम पर भरोसा कर सकता हूं। यह रहा पता। तुमसे फिर मुलाकात होगी।

क्या इस उदाहरण में आपको अपनी परछाई दिखाई देती है? क्या इसी उदाहरण की तरह भाषा का प्रयोग आप बातचीत के दौरान करते हैं, इस उदाहरण से पता चलता है कि आप सीधे तौर पर न नहीं कह पाते और आप अनिश्चित भाषा का प्रयोग करते हुए सामने वाले व्यक्ति के सामने आत्मसमर्पण कर देते हैं। दूसरा व्यक्ति अच्छी तरह जानता है कि आपकी हिचकिचाहट और शालीनता का इस्तेमाल आपके खिलाफ किस तरह किया जा सकता है।

दूसरे शब्दों में आप अपना इस्तेमाल होने देते हैं। और जो काम आप करना नहीं चाहते। वही काम खुद को करते हुए पाते हैं। अगर आप इसी तरह दूसरों की मर्जी के अनुसार काम करते रहेंगे और न कहने से हिचकते रहेंगे तो आपके भीतर गुस्सा और क्षोभ बढ़ता जाएगा। इस तरह आप अपना ही नुकसान कर बैठेंगे। जब घुटन चरम सीमा पर पहुंच जाएगी तो विस्फोटक स्थिति पैदा हो जाएगी। कभी गुस्सा सही निशाने पर फूटेगा, लेकिन अक्सर गलत तरीके से जाहिर होगा। अब इस स्थिति से बचने के लिए पढ़िए-एक और उदाहरण अब आगे पढ़िए-

दूसरा व्यक्ति: क्या तुम मेरा एक काम करोगे?

आप: पहले यह तो पता चले कि काम क्या है।

दूसरा व्यक्ति: ट्रांसपोर्ट ऑफिस में मेरा एक पैकेट बाहर से आया है। तुम कार चलाकर जाओ और मेरा पैकेट ला दो।

आप: लेकिन, लगता नहीं मैं ला पाऊंगा। मुझे दिन भर व्यस्त रहना होगा।

दूसरा व्यक्ति: थोड़ी देर के लिए जाने से क्या फर्क पड़ता है? देखो, मैं दिन भर यहीं फंसा रहूंगा। किसी न किसी को तो यह लाना ही होगा।

आप: मैं ही हमेशा आपकी चीजों को लाने और पहुंचाने का काम क्यों करता रहूंगा? हर किसी की फरमाइशें पूरी करते-करते मैं तंग हो चुका हूं। आप खुद ही अपने काम निपटाने के बारे में क्यों नहीं सोचते? आपको लगता है यहां एक बेकार का आदमी जब है ही तो खुद क्यों तकलीफ उठाऊं।

दूसरा व्यक्ति: यह तुम्हें क्या हो गया है: मैंने तो एक मामूली काम के लिए कहा था।

आप: मुझे अचानक कुछ नहीं हुआ है और आप मुझसे कभी मामूली काम करने के लिए नहीं कहते। आप मतलबी इंसान हैं। आप दूसरों की सुविधा-असुविधा के बारे में बिलकुल नहीं सोचते, सिर्फ अपने बारे में सोचते हैं। खुद ही अपना पैकेट लेकर क्यों नहीं आते?

दूसरा व्यक्ति: शांत हो जाओ। ठीक है, ठीक है। अब मैं कभी तुमसे कोई काम करने के लिए नहीं कहूंगा।

आप: यही ठीक रहेगा।

क्या यह वार्तालाप आपको कुछ जाना-पहचाना लगता है? इसमे आप नाराजगी जाहिर करते हैं। लेकिन क्या इससे आपको कोई फायदा होता है? इस वार्तालाप में आप आरोपों और दोषारोपण का प्रयोग करते हैं। टकराव की रफ्तार अचानक तेज हो जाती है।

या ऐसा भी हो सकता है कि आप विवाद को बढ़ाते चले जाएं और मूल बात कहीं गुम होकर रह जाए। अब इस उदाहरण को देखिए:

दूसरा व्यक्ति: क्या तुम मेरा एक काम करोगे?

आप: पहले यह तो पता चले कि काम क्या है।

दूसरा व्यक्ति: ट्रांसपोर्ट ऑफिस में मेरा एक पैकेट बाहर से आया है। तुम कार चलाकर जाओ और मेरा पैकेट ला दो।

आप: लेकिन, लगता नहीं मैं ला पाऊंगा। मुझे दिन भर व्यस्त रहना होगा।

दूसरा व्यक्ति: थोड़ी देर के लिए जाने से क्या फर्क पड़ता है? किसी न किसी को तो यह लाना ही होगा। देखो, मैं दिन भर यहीं फंसा रहूंगा।

आप: आप हमेशा मुझसे किसी न किसी काम के लिए कहते रहते हैं, जबकि आप जानते हैं मैं किस कदर व्यस्त रहता हूं।

दूसरा व्यक्ति: मैं अपने आप कैसे जान सकता हूं कि तुम कितने व्यस्त हो? अगर तुम मेरा काम करना नहीं चाहते सीधे इनकार कर दो।

आप: मैंने यह नहीं कहा कि मैं नहीं कर सकता, मैं तो चाहता हूं कि इसके बारे में जरा सोचकर देखें।

दूसरा व्यक्ति: तुम कहना क्या चाहते हो, मैं समझ नहीं पा रहा हूं।

आप: क्या समझ नहीं पा रहे हैं? मैं कह रहा था।

दूसरा व्यक्ति: मैं जानता हूं तुम क्या कह रहे थे। तुम कर रहे थे कि मैं कठोर हूं और कभी तुम्हारा ख्याल नहीं रखता।

आप: मैंने ऐसा कभी नहीं कहा। मैंने जो कहा उसका आप गलत अर्थ लगा रहे हैं। आप हमेशा ऐसा ही करते हैं- वही सुनते हैं जो आप सुनना चाहते हैं।

दूसरा व्यक्ति: अब तुम मुझ पर किस तरह के आरोप लगा रहे हो?

आप: मैं आप पर कोई आरोप नहीं लगा रहा हूं। बात का बतंगड़ मत बनाइए।

दूसरा व्यक्ति: तो तुम कहना चाहते हो कि मैं बात का बतंगड़ बनाता हूं।

और यह बहस चलती रहती है। ट्रांसपोर्ट ऑफिस से पैकेट लाने की बात भुला दी जाती है।

इस दौरान दोनों पक्ष एक दूसरे को नीचा दिखाने के लिए अलग-अलग तर्कों का सहारा लेते हैं। आप दोनों ही खुद को सही ठहराने की जिद पर अड़े रहते हैं और इस तरह जिस मुद्दे को लेकर टकराव की नौबत आई थी, उस मुद्दे को भुला दिया जाता है। क्या इस तरह का प्रसंग आपको जाना-पहचाना लगता है?

पहले वार्तालाप में आप हिचकिचाते रहे और कभी स्पष्ट रूप से नहीं कह पाए कि आप चाहते क्या हैं। दूसरे वार्तालाप में आप सीधे टकराव के लिए तैयार हो गए, जबकि आपको मालूम है कि ऐसा करने पर आपको पीछे

हटना पड़ सकता है और माफी मांगनी पड़ सकती है। तीसरे वार्तालाप में आप बातों के पहिए को गोल-गोल घुमाते हैं मगर किसी नतीजे पर पहुंच नहीं पाते।

तीनों ही वार्तालाप के अंत में आप खुद को असहज स्थिति में पाते हैं चूंकि विवाद अप्रिय है और कोई हल भी सामने नहीं आता। इस तरह निश्चित हो जाता है कि आपको बुरा लगेगा और आपकी यह धारणा मजबूत होगी कि टकराव से निपटने में आप किस कदर अक्षम हैं। और यह सच भी है कि भले लोग टकराव से निपटने में अक्षम होते हैं। तीन ऐसे प्रमुख कारण हैं, जिनके चलते भले लोग टकराव से निपटने में खुद को अक्षम महसूस करते हैं।

पहला कारण है, टकराव के आरंभ में ही आप धारणा बना लेते हैं कि आप शिकस्त खा जाएंगे। ज्यादातर भले लोग टकराव की नौबत आने पर अपने आपको कमजोर स्थिति में पाते हैं। वे इस तरह सोचते हैं, जो भी मुद्दा हो, मैं जानता हूं कि अंत में मैं हथियार डाल दूंगा।'' इस तरह पहले से ही पराजित होने की मानसिक तैयार होती है और टकराव से पहले ही पीछे हट जाने का भाव होता है। जब आप मानकर चलते हैं कि आपकी हार होगी तो अधिकतर मामलों मैं आपको हार का ही सामना करना पड़ेगा।

दूसरा कारण है परिणाम का डर। जब आप टकराव शुरु करते हैं। तो एक अनजान युद्धक्षेत्र में आपको कदम बढ़ाना पड़ता है। आपको पता नहीं होता कि क्या होने वाला है। ऐसा तभी पता हो सकता है जब आप दृढ़ संकल्प करते हुए टकराव से निपटते हैं। आप किसी को गुस्सा दिला सकते हैं, कोई रो सकता है, कोई कुछ उठाकर आपकी तरफ फेंक सकता है, या शारीरिक रूप से आपके साथ दुर्व्यवहार कर सकता है। चूंकि आप जानते नहीं, इसलिए आप टकराव को टालने की हर संभव कोशिश करते हैं।

तीसरा कारण है कि आपके परिवार के टकराव के क्षणों की स्मृतियां आपको किसी भी टकराव से दूर रहने के लिए प्रेरित कर सकती हैं। अगर बचपन में माता-पिता का झगड़ना आप पसंद नहीं करते थे या एक बच्चे के रूप में वयस्कों को झगड़ों को रोक पाने में खुद को असमर्थ महसूस करते थे, तो वैसी ही लाचारगी की अनुभूति बालिग होने पर भी आपके ऊपर हावी रह सकती है और टकराव की घड़ियों में आप अपने भीतर घबराहट महसूस कर सकते हैं। आप बचपन की पुरानी अनुभूतियों से इस कदर ग्रस्त हो सकते हैं कि आपके लिए अतीत और वर्तमान की अनुभूतियों के बीच फर्क करना मुश्किल हो सकता हैं।

टकराव को टालने के पीछे कुछ और वजहें भी हो सकती हैं जिनकी पहचान करना आपके लिए जरूरी है। लेकिन मोटे तौर पर तीन अहम वजह हैं जो आपको टकराव से दूर रखती हैं। यह जानने से पहले हम जानते हैं टकराव क्यों होता है?

ऐसा क्यों होता है?

टकराव क्यों होता है? इसके पीछे कोई न कोई कारण जरूर होना चाहिए। टकराव के प्रमुख कारण इस प्रकार हैं:

- जीतने की ख्वाहिश।
- दूसरे व्यक्ति को अपनी राय से अवगत करना।
- अपना काम निकालना।
- दूसरे लोग जान सकें कि वे गलत हैं।
- अपनी सीमा रेखा का निर्धारण।
- किसी परिस्थिति में वर्चस्व कायम करना।
- खुद का इस्तेमाल रोकना।

ऐसे ही कुछ कारण हैं जिन्हें हम टकराव या संघर्ष की पृष्ठभूमि समझते हैं, जबकि इनमें से कोई भी असली कारण नहीं है। संघर्ष या टकराव चाहे वैश्विक स्तर का हो या व्यक्तिगत स्तर का, इसके पीछे एक ही कारण होता है- संघर्ष या टकराव का मकसद एक समाधान तक पहुंचना होता है।

लेकिन, चाहे वैश्विक स्तर का हो या व्यक्तिगत स्तर का, अधिकतर लोग समाधान तक पहुंचने के लिए संघर्ष को नहीं चुनते हैं, वे ऐसा इसलिए करते हैं चूंकि वे खुद को सही मानते हैं और जब आप खुद को सही मानेंगे तो किसी न किसी को गलत होना ही पड़ेगा।

यह विवाद कुछ भी हो सकता है। आप किसी की जमीन को अपनी जमीन बता सकते हैं या अपने ईश्वर से श्रेष्ठ बता सकते हैं, या आप दूसरे पर वर्चस्व कायम करना चाहते हैं- ज्यादातर टकराव जीतने और हारने से संबंधित होते हैं, जब आप दूसरों पर अपनी मर्जी थोपने की कोशिश करते हैं।

ऊपर बताए गए कारणों के साथ जब आप टकराव का सामना करना चाहेंगे तो कोई समाधान निकलकर नहीं आएगा। किसी को अपनी मर्जी के सामने नतमस्तक कर देने से टकराव भले ही खत्म हो सकता है मगर उसका

हल नहीं निकल सकता। अगर आप अपनी मर्जी छोड़कर दूसरे की मर्जी को स्वीकार कर लेते हैं। तो टकराव समाप्त हो जाता है। अगर आप उत्तेजित हो जाते हैं और बाद में माफी मांगते हुए कबूल कर लेते हैं कि आप गलत थे तो संघर्ष खत्म हो जाता है। अगर आप अपनी हरकत को तर्कसंगत ठहराने के लिए अड़े रहते हैं तो फिर संघर्ष खत्म नहीं होता, मुद्दा कुछ देर के लिए भले ही शांत हो जाए, मगर बाद में वह फिर उभरकर सामने आ सकता है।

इनमें से किसी भी परिस्थिति में टकराव का समाधान नहीं हो पाता।

विश्व में जगह-जगह वर्षों से संघर्षरत देशों के रवैए से साफ पता चलता है कि उन्हें विवाद के समाधान में कोई दिलचस्पी नहीं है। उनकी दिलचस्पी जीत हासिल करने में है।

इसी तरह दो परिवारों के बीच कई दशकों से चल रहे मुकदमे को देखा जा सकता है। नई पीढ़ियां भी मुकदमे को जारी रखती हैं चूंकि उनकी दिलचस्पी विवाद के समाधान में नहीं होती। वे खुद को सही साबित करना चाहती हैं। इस तरह विवाद की मूल वजह पर किसी का ध्यान नहीं रह जाता।

ऐसे पति-पत्नी समाज में नजर आते हैं जो मामूली बात पर झगड़कर एक दूसरे से लड़ना शुरू कर देते हैं, वर्षों से एक जैसे तर्कों को दोहराते रहते हैं। उनकी दिलचस्पी विवाद का समाधान करने में नहीं होती। वे अपनी आजादी के लिए लड़ते हैं चूंकि उन्हें लगता है कि वैवाहिक बंधन में बंध जाने के बाद उनकी आजादी खतरे में पड़ गई है।

जब आपका स्वाभिमान आहत होता है, आपकी अनुभूतियों को ठेस पहुंचती है, आपकी मर्यादा पर आंच आती है, आपकी संवेदनशीलता पर प्रहार होता है, आपके विवेक पर सवाल उठाया जाता है, आपकी योग्यता पर शक किया जाता है, आपकी लगन की आलोचना की जाती है तब आप नाराज होकर आक्रमण करना चाहते हैं।

अगर आप टकराव या संघर्ष का सामना करने के लिए तैयार नहीं होंगे तो कभी भी समाधान आपको नहीं मिलेगा। आपकी अनुभूतियां दबी रहेंगी और अप्रिय परिस्थितियों में भी कोई बदलाव नहीं आएगा। अगर आप जरूरत से ज्यादा भले हैं तो चोट खाकर भी आप विरोध जताना नहीं चाहेंगे और ऐसा दिखावा करते रहेंगे जैसे कुछ हुआ ही नहीं हो। आपके लिए अपनी अनुभूतियों को व्यक्त करना कठिन होगा। इस तरह आपके भीतर चोट, वार, निंदा, तिरस्कार आदि भावों का ढेर इकट्ठा होता जाएगा।

जब भी आप किसी टकराव के सामने खड़े होते हैं आपके साथ लगातार पराजय और हथियार डालने का इतिहास भी होता है। इसका अर्थ यह होता है कि अगर आप एक मुद्दे को लेकर अपना पक्ष रखने की कोशिश करते हैं तो बहुत सारे अनसुलझे मुद्दे भी सामने आने के लिए आपके भीतर सरगोशी करने लगते हैं।

तो शराफत का बर्ताव वालों को कभी समाधान मिल सकता है?

संघर्ष का समाधान

किसी समस्या को खत्म करने के लिए उसका समाधान ढूंढ़ना जरूरी होता है। ऐसा करना अच्छी बात है। अगर संघर्ष का मकसद एक समाधान तक पहुंचना होता है तो मैं अपने तरीके से समाधान ढूंढ़ क्यों नहीं लेता? क्यों नहीं दूसरे व्यक्ति को बता देता है कि उसका समाधान गलत है: क्यों नहीं बता देता कि मेरा समाधान सही है? किसी से माफी मंगवा लेना समाधान क्यों नहीं है?

ये सभी समाधान के स्वरूप नजर आ सकते हैं, लेकिन अगर आप दूसरे व्यक्ति को उसी तरह आहत करते हैं जिस तरह आप आहत हुए थे तो इसका अर्थ है कि आपने समस्या का हल नहीं किया है। अभी भी आप जीत के बारे में सोच रहे हैं। दूसरे व्यक्ति को अपनी नाराजगी बताना समाधान का हिस्सा हो सकता है, मगर यही अगर आपका असली मकसद हो तो आप बहुत आगे नहीं जा सकते।

संघर्ष या टकराव का समाधान करने के लिए या दोनों पक्षों को संतुष्ट करने के लिए इन पहलुओं का ध्यान रखना जरूरी है:

- दोषारोपण नहीं करना।
- बहस को आगे बढ़ाना।
- जो आप चाहते हैं वह आपके पास क्यों नहीं है इसके कारण की पड़ताल करना।
- दूसरों को बदलने के लिए अपने आपको बदलना।

इन पहलुओं की चर्चा करने से पहले इस बात पर गौर करना आवश्यक है कि संघर्ष का समाधान करने के सही और उदेद्श्यपूर्ण विचारों की जरूरत होती है। चूंकि टकराव के प्रति अभी जो आपका बर्ताव होता है वह आपकी

आदत है- आपकी दूसरी भली आदतों की तरह- इसीलिए टकराव से निपटने के अपने तरीके में बदलाव लाने के लिए आपको जागरूक होना पड़ेगा।

दोषारोपण नहीं करना

जब आप नाखुश होते हैं तो अक्सर बचाव के प्रथम अस्त्र के रूप में दूसरे पर आरोप लगाते हैं। "यह सब उसी की गलती है," "उसी का किया-धरा है।" जब कोई चीज हमारी मर्जी से नहीं हो पाती तो नाकामी का दोष हम तुरंत दूसरे के सिर पर मढ़ देते हैं। अगर आप जीवनभर क्षोभ, हताशा और क्रोध का ढेर जमा करते रहे हैं तब ऐसा अधिक होता है, ऐसी स्थिति में जिस व्यक्ति के साथ आपका टकराव होता है उसी के ऊपर सारा दोष मढ़ देना आप ठीक समझते हैं। भले ही आपके क्षोभ के ढेर से उस व्यक्ति का कोई लेना-देना हो।

इस तरह ज्यादातर वाक्यो ंकी शुरुआत 'तुम' से होती है। तुम सिर्फ अपने बारे में सोचते हो।' 'तुम कभी मेरी भावनाओं का ख्याल नहीं करते। 'तुम हमेशा मुझसे यही उम्मीद रखते हो कि तुम जो चाहोगे वही मैं करूंगा।' इन वाक्यों में कभी नहीं और 'हमेशा' भी शामिल होते है- इस तरह आप भावुक होकर बहते चले जाते हैं और मूल मुद्दे से भटक जाते हैं।

अगर आप दोषारोपण नहीं करना चाहते तो आपको अपनी अनुभूतियों के प्रति जागरुक होकर यह समझना होगा कि परिस्थिति का आपके ऊपर क्या प्रभाव पड़ रहा है और अपने कथन में 'तुम' की जगह 'मैं' के साथ शुरुआत करनी होगी।

संघर्ष के संदर्भ में 'तुम' शब्द के साथ शुरु किए कथन का आशय होता है कि समस्या के लिए दूसरे व्यक्ति को जवाबदेह ठहराया जा रहा है, दूसरे व्यक्ति को कोने में फेंका जा रहा है, उसे गलत ठहराया जा रहा है और रक्षात्मक रुख अपनाने के लिए उकसाया जा रहा है।

इस उदाहरण को देखिए:

"आप कभी मेरे बारे में नहीं सोचते।"

"मैं हमेशा तुम्हारा ख्याल रखता हूं।"

"कब?"

"कई बार।"

'आप' या 'तुम' के साथ आरंभ किया गया कथन दूसरे व्यक्ति की

कमजोरी की तरफ संकेत करता है। कोई भी व्यक्ति पसंद नहीं करता कि उसे गलत ठहराया जाए।

एक पल के लिए जरा अपने बारे में सोचें। क्या आप किसी पिछले विवाद को याद कर सकते हैं जब किसी ने अपने वाक्य की शुरुआत तुम से की थी? ऐसी परिस्थितियों में अक्सर यही होता है कि हम विवाद के मूल विषय से भटक कर अपने बचाव के प्रयास में जुट जाते हैं।

विषय समस्या से अलग हो जाता है और व्यक्तिगत स्तर पर आरोप-प्रत्यारोप का सिलसिला शुरू हो जाता है। अगर कोई महिला चाहती है कि उसका पति घरेलू कार्यों में उसका हाथ बंटाए और वह पति से कहती है, 'तुम कभी घर के कार्यों में मेरी सहायता नहीं करते' तो निश्चित रूप से विवाद शुरू हो जाएगा। पति कहेगा, "मैं अपने हिस्से का काम करता ही हूं। "पत्नी कहेगी," नहीं, तुम नहीं करते। 'पति कहेगा, "मैं करता हूं।"

इस तरह, अगर आप किसी से कहें, "तुम मर्जी चलाते हो, मुझसे बिना पूछे ही फैसले ले लेते हो।" ऐसा कहना आरोप लगाना होगा जिसे सुनकर दूसरा व्यक्ति बचाव की मुद्रा अपना लेगा। इसकी जगह आप कह सकते हैं, "अगली बार अगर इस तरह का फैसला तुम्हें लेना हो तो मुझे अच्छा लगेगा कि पहले हम लोग इसके बारे में ठीक से चर्चा कर लें।"

इस कथन में नियंत्रण का भाव झलकता है। आप केवल अपनी अनुभूतियों के प्रति जिम्मेदार नहीं है बल्कि आप दूसरे व्यक्ति को निश्चित तौर पर बता रहे हैं कि उससे आप क्या चाहते हैं। आप अपनी अनुभूतियों और इच्छाओं के प्रति जितना अधिक जिम्मेदार बनेंगे, उतना ही आपको दूसरे व्यक्ति के व्यवहार की खामियों को उजागर करने की जरूरत कम महसूस होगी।

यहां एक तरह की सतर्कता जरूरी है। ऐसे भी कुछ लोग होते हैं। जो विजय हासिल करने या दूसरे को गलत साबित करने के विचार को छोड़ना नहीं चाहते, वे भी। मैं कथन का इस्तेमाल करते हैं। "मुझे लगता है तुम कभी नहीं कर सकते, मुझे लगता है तुम लापरवाह हो।"

'मैं' कथन का प्रयोग दूसरे व्यक्ति को यह बताने के लिए कम हानिकारक है कि उसका व्यवहार या उसकी बातों का कैसा प्रभाव आप पर पड़ रहा है, "आप कभी नहीं पूछते कि मैं क्या करना चाहता हूं।" इस कथन की जगह कहा जाए, 'जब आप मुझे कोई ऐसा काम करने के लिए

कहते हैं जो मैं करना नहीं चाहता तो खुद को मैं उपेक्षित महसूस करता हूं। मैं न कह नहीं पाता।

पहला कथन अस्पष्ट है और उसमें आरोप का भाव झलकता है। दूसरा कथन स्पष्ट है जिसमें आप अपनी अनुभूतियां बताते हैं और दूसरे व्यक्ति को बचाव की मुद्रा अपनाने की जरूरत नहीं पड़ती।

वार्तालाप को आगे की दिशा में ले जाना

यह धारणा आपमें से उन लोगों के लिए महत्वपूर्ण है जो बातचीत के दौरान मुद्दे से भटककर गोल-गोल चक्कर लगाते रहते हैं। ऐसी बहस एक पहिए की तरह भले ही घूमती है मगर किसी नतीजे तक नहीं पहुंच पाती। दोनों ही पक्ष को हताशा महसूस होती है। पुरानी चोट और पुरानी असफलताएं नए सच में सामने आने लगती हैं।

अकसर इस तरह के झगड़े देखे जा सकते हैं जिन्हें देख कर समझा जा सकता है कि टकराव या संघर्ष को हल करने के लिए विचार का होना क्यों जरूरी है। एक बार जब आप चक्कर लगाना शुरू कर देते हैं तो रफ्तार को रोक पाना असंभव हो जाता है। इसकी परिणति आंसू, दरवाजे को पटकने या किसी चीज को तोड़ने जैसे व्यवहार के रूप में सामने आती है।

क्षुब्ध हो जाना समाधान नहीं कहलाएगा, किसी वार्तालाप को आगे की दिशा में ले जाने के लिए भिन्न रवैए की आवश्यकता होती है। बहस के बीच में थोड़ा अंतराल रखने से दोनों पक्ष बहस की दिशा के बारे में सोच सकते हैं और वे उसे अधिक रचनात्मक दिशा की तरफ मोड़ सकते हैं।

जरा इस उदाहरण को देखिए:

आप: तुम कहना क्या चाहते हो? मैंने तो इतना ही कहा था:

दूसरा व्यक्ति: मैं जानता हूं तुमने क्या कहा था। तुमने कहा था कि मैं बेरहम हूं और कभी तुम्हारे बारे में नहीं सोचता।

आप: मैं सोचता हूं कि हमें यहां रुक जाना चाहिए क्योंकि ऐसा लग रहा है, मानो एक ही बात को हम लोग दोहरा रहे हैं। ऐसा लगता है मानो एक दूसरे को नीचा दिखाते हुए मूल विषय से हम दूर होते जा रहे हैं। हमें फिर से बातचीत की शुरुआत करनी चाहिए और समस्या को ठीक से समझने की कोशिश करनी चाहिए।

इस कथन के जरिए आप एक तीर से दो शिकार करते हैं। आप अंतहीन बहस को रोक देते हैं, साथ ही दोषारोपण के खेल को भी बंद करते हुए बहस के अगले दौर के लिए संयुक्त जिम्मेदारी तय कर देते हैं।

पुल बनाना

इसका अर्थ है दूसरे व्यक्ति को आप कुछ दें ताकि बदले में वह भी आपको कुछ देना चाहे। जब आप टकराव के एवज में भावनात्मक उत्तेजना महसूस कर रहे हैं, उस समय दूसरे व्यक्ति को कुछ देना आपको नागवार गुजर सकता है। ''मैं उसे कुछ क्यों दूं जबकि मेरे प्रति उसका बर्ताव इतना रुखा है?''

दूसरे व्यक्ति को कुछ देने का अर्थ यह नहीं होता कि आप उसके वर्चस्व को स्वीकार कर लेते हैं। आरंभ में दिए गए उदाहरण को इस परिप्रेक्ष्य में देखते हैं:

दूसरा व्यक्ति: क्या तुम मेरा एक काम करोगे?

आप: पहले यह तो पता चले काम क्या है।

दूसरा व्यक्ति: ट्रांसपोर्ट ऑफिस में मेरा एक पैकेट बाहर से आया है। तुम कार चलाकर जाओ और मेरा पैकेट ला दो।

आप: आप ऐसे गलत समय में यह काम करने के लिए कह रहे हैं, मुझे खेद है मैं यह काम नहीं कर पाऊंगा।

दूसरा व्यक्ति: लेकिन मुझे तुम पर भरोसा है कि तुम ही मेरा काम कर सकते हो।

आप: मुझे खुशी है कि आप मुझ पर इतना भरोसा करते हैं। इस समय आपके पास ढेर सारे काम होंगे।

दूसरा व्यक्ति: सचमुच बहुत काम हैं। मैं समझ नहीं पा रहा हूं कहां से शुरू करूं। सारे काम एक जैसे महत्वपूर्ण है। इसीलिए मैं तुम्हारी मदद चाहता हूं।

आप: मैं देख रहा हूं आप किस तरह दबाव में है। लेकिन सचमुच अफसोस की बात है कि मैं ट्रांसपोर्ट ऑफिस नहीं जा पाऊंगा। अभी मेरे लिए बाहर निकलना मुमकिन नहीं होगा। लेकिन क्यों न हम दोनों मिल कर दस मिनट तक अंदाजा लगाएं कि आपके पास कितने काम हैं, फाइलों को साथ-साथ निपटाएं। फिर हम देखेंगे कि कोई दूसरा ट्रांसपोर्ट ऑफिस जा सकता है क्या? उसे हम ऐसा करने के लिए मना सकते हैं।

अनिवार्य रूप से आपको पता नहीं होगा कि वांछित सामने आएगा या नहीं, लेकिन अपने वार्तालाप की दिशा मोड़कर अपनी तरफ से दूसरे

व्यक्ति का ध्यान दिया है और दूसरे व्यक्ति की तरफ दिशा को केन्द्रित कर दिया है। इसके अलावा आपने एक प्रस्ताव दिया है कि किस तरह की सहायता आप कर सकते हैं, जो सहायता दूसरे व्यक्ति के लिए अत्यंत उपयोगी हो सकती है। इस दौरान पैकेट लाने की समस्या का भी आप निदान सोच सकते हैं।

इस दोहराए गए दृश्य में 'न' शब्द का एक बार भी प्रयोग नहीं किया गया, मगर जिस तरीके से टकराव का समाधान किया गया उससे निश्चित हो गया कि एक सीमा निर्धारित कर और स्पष्ट रुख अपनाकर किसी से भी न कहा जा सकता है। यह अपने आपमें एक कला है।

पुल बनाने के बारे में सोचें और पर्याप्त विकल्प रूपी ईटें रखें, ताकि दूसरा व्यक्ति उन विकल्पों में से स्वयं ही किसी विकल्प का चुनाव कर सके। इस मामले में आपने सबसे पहले दूसरे व्यक्ति के प्रति हमदर्दी जताई। इसके बाद आपने अपना स्पष्ट रुख सामने रखा कि आपसे यह काम नहीं हो सकेगा, कोई बहाना या अस्पष्टता नहीं, कोई दोषारोपण नहीं। और आखिर में आपने कुछ सहातया करने की पेशकश की। ज्यादा सहायता नहीं, लेकिन वर्तमान उलझन को कम करने में आपने मददगार बनने की इच्छा जतलाई।

इसका अर्थ है कि आपने पुल बनाने के लिए अपनी तरफ से तीन ईटें रख दीं। दूसरे व्यक्ति के सामने अब कुछ नए विकल्प हैं। ऐसा भी हो सकता है कि दूसरा व्यक्ति आपकी ईटें स्वीकार करने से इनकार कर दे और आपसे अपनी बात मनवाने की कोशिश जारी रखे या अपने मतलब के लिए बहस को जारी रखे। या फिर वह यह सोचे कि दस मिनट तक आपकी सहायता लेने से उसे फायदा हो सकता है और अपने बिखरे हुए कार्यों को तरतीब से निपटाते हुए वह पैकेट मंगवाने के बारे में विचार कर सकता है।

असहमतियों के प्रति नया आयाम जोड़ने में पुल बनाने का प्रयास कारगर उपाय साबित हो सकता है। इसके जरिए आप झुके बगैर दूसरे के प्रति मददगार- और सहानुभूतिशील बने रह सकते हैं, इसके जरिए निरर्थक बहस पर विराम लगाया जा सकता है।

जो आप चाहते हैं वह क्यों नहीं मिलता, इसका पता लगाना

कभी-कभी आपकी निश्चित इच्छा की पूर्ति के लिए कोई समाधान नहीं मिल पाता। कई बार हालात के चलते ऐसा नहीं हो पाता और आप हालात को

स्वीकार करने के लिए विवश हो जाते हैं। तब हम यही मान लेते हैं कि वर्तमान परिस्थितियों में जीतने के लिए और कोई समाधान नहीं हो सकता था।

जो आप चाहते हैं वह क्यों नहीं मिलता। इसकी वजह का पता लगाने से नहीं मिल पाने का मलाल कम हो सकता है। लेकिन, जो आप चाहते हैं वह क्यों नहीं मिलता, इसका पता लगाने के लिए आपको दूसरे व्यक्ति को सवालों के घेरे में लेने का हक नहीं मिल जाता। ऐसा करने से दोषारोपण की प्रवृत्ति उजागर हो सकती है।

सामान्य विश्लेषण करने से आपको यह अवसर मिल सकता है कि दूसरे व्यक्ति को अपनी अनुभूतियों के बारे में बता सके। जब आप पता लगाते हैं कि जो आप चाहते हैं वह आपको क्यों नहीं मिलता, तो अधिक जागरूक होने के कारण आप उस व्यक्ति के प्रति अधिक नाराजगी महसूस नहीं करते जो आपको वांछित वस्तु देना नहीं चाहता। आरंभ के वार्तालाप की तरफ मुड़ते हैं:

दूसरा व्यक्ति: क्या तुम मेरा एक काम करोगे?

आप: पहले यह तो पता चले काम क्या है।

दूसरा व्यक्ति: ट्रांसपोर्ट ऑफिस में मेरा एक पैकेट बाहर से आया है। तुम कार चलाकर जाओ और मेरा पैकेट ला दो।

आप: आज मेरे लिए वहां जाना सुविधाजनक नहीं होगा। मेरे लिए यह काम कर पाना कठिन होगा।

दूसरा व्यक्ति: लेकिन मुझे तुम पर भरोसा है कि तुम ही मेरा काम कर सकते हो।

आप: ऐसी परिस्थितियों में मुझे लगता है कि मेरा दुरुपयोग किया जा रहा है। क्या आप किसी और व्यक्ति से पैकेट लाने के लिए नहीं कह सकते? शहर से बाहर तक गाड़ी चलाकर नहीं जाने से मुझे काफी राहत महसूस होगी।

दूसरा व्यक्ति: मैं तुम्हारा दुरुपयोग नहीं कर रहा हूं। मैं सचमुच उलझा हुआ हूं। मैं पैकेट के बारे में भूल ही गया था। अब मेरे सामने तुमसे गाड़ी चलाकर ट्रांसपोर्ट आफिस जाने की बात कहने के सिवा कोई रास्ता नहीं है। मैं तुम्हारी सहायता याद रखूंगा और इस अहसान का बदला चुकाऊंगा।

वजह का पता लगाकर आपने दूसरे व्यक्ति को आपने अपने मानसिक ध रातल पर खड़े होने का अवसर दे दिया। आपने इलजाम लगाए बिना बता दिया कि आप वैसा महसूस करते हैं और शायद वह व्यक्ति आपकी सहायता को याद रखते हुए भविष्य में आपकी भी सहायता करेगा।

अपनी इच्छा का परिवर्तन

जब आप पता लगा लेते हैं कि आप जो चाहते हैं वह आपको क्यों मिलता, तो इस बात का कोई कारण नहीं है कि आप उसी समय अपनी इच्छा में परिवर्तन नहीं कर सकते। आपकी इच्छा अगर यह है कि दूसरा जो काम आपसे करवाना चाहता है? वह आप करना नहीं चाहते, तो आप अपनी इच्छा बदलकर दूसरे व्यक्ति से सराहना और स्वीकृति हासिल करने का मन बना सके हैं। और हां, इसके लिए आप बाकायदा फरमाइश कर सकते हैं। हमने लोगों को कहते सुना है कि जो प्रशंसा मांग कर हासिल की जाती है उसकी कोई अहमियत नहीं होती। लेकिन क्या यह सच है?

यह व्यवहार का एक नियम है कि जब स्वीकृति अपने आप मिल जाती है तभी उसकी अहमियत होती है। हो सकता है आप ऐसे व्यक्ति हों जो आसानी से दूसरों की सराहना करते हों। लेकिन दूसरे लोग इतने कृतज्ञ नहीं भी हो सकते हैं और सराहना करने में कंजूसी बरत सकते हैं। इसका अर्थ यह नहीं कि सराहना की कोई कीमत नहीं होती।

अगर सराहना की मांग करना आपको असहज बनाता है तो आप मजाक का प्रयोग कर सकते हैं? इस तरह आप इच्छा में परिवर्तन कर सकते हैं:

दूसरा व्यक्ति: क्या तुम मेरा एक काम करोगे?

आप: पहले यह तो पता चले काम क्या है।

दूसरा व्यक्ति: ट्रांसपोर्ट ऑफिस में मेरा एक पैकेट बाहर से आया है। तुम कार चलाकर जाओ और मेरा पैकेट ला दो।

आप: आज मेरे लिए वहां जाना सुविधाजनक नहीं होगा। मेरे लिए यह काम कर पाना कठिन होगा।

दूसरा व्यक्ति: लेकिन मुझे तुम पर भरोसा है कि तुम ही मेरा काम कर सकते हो।

आप: ऐसी परिस्थितियों में मुझे लगता है कि मेरा दुरुपयोग किया जा रहा है। क्या आप किसी और व्यक्ति से पैकेट लाने के लिए नहीं कह सकते? शहर से बाहर तक गाड़ी चलाकर नहीं जाने से मुझे काफी राहत महसूस होगी।

दूसरा व्यक्ति: मैं तुम्हारा दुरुपयोग नहीं कर रहा हूं। मैं सचमुच उलझा हुआ हूं। मैं पैकेट के बारे में भूल ही गया था। अब मेरे सामने तुमसे गाड़ी चलाकर ट्रांसपोर्ट ऑफिस जाने की बात कहने के सिवा कोई रास्ता नहीं है।

मैं तुम्हारी सहायता याद रखूंगा और इस अहसान का बदला चुकाऊंगा।

आप: ठीक है, मैं ला दूंगा, मगर मुझे मेहनताना चाहिए।

दूसरा व्यक्ति: कैसा मेहनताना?

आप: दस बार आप मुझे धन्यवाद करेंगे और भविष्य में मेरा तीन काम कर देंगे।

दूसरों को बदलने के लिए खुद को बदलना

अब तक जो चर्चा की गई है उससे स्पष्ट है कि वार्तालाप का रुख बदलने के लिए आपको हस्तक्षेप करना पड़ता है। आपको दोषारोपण से बचना होता है। निरर्थक विवाद को रोककर टकराव की दिशा बदलनी होती है, आपको विकल्प प्रस्तुत करने होते हैं। आपको कारण की पड़ताल करनी होती है।

कुछ अलग करने के लिए आपको पुराने ढर्रे को बदलना पड़ता है। दूसरे शब्दों में, अगर आप दूसरों को बदलना चाहते हैं तो इसके लिए सबसे पहले आपको खुद को बदलना पड़ेगा। जरूरत से अधिक भले लोगों के लिए ऐसा कर पाना सबसे अधिक कठिन होता है। उन्हें लगता है कि दूसरे लोग पहले बदल जाएं ताकि उन्हें हस्तक्षेप करने की जरूरत न पड़े।

जो लोग चाहते हैं कि दूसरे बदल जाएं उनके प्रिय शब्द होते हैं, अगर वह...। ऐसा कोई व्यक्ति नहीं होगा जिसने अपने जीवन के किसी क्षण में ऐसा न कहा हो, 'अगर वह वैसा नहीं होता तो मेरा साथ ऐसा नहीं हुआ होता।' अगर उसे नौकरी मिल गई होती तो मैं सुरक्षित हो गया होता।'' "अगर वह बकवास बंद कर देगी तो मुझे सुकून मिल सकेगा।" "अगर वह अपनी तारीफ करना बंद करेगा तभी ठीक से बातचीत हो पाएगी।'' "अगर वह बताएगा कि वह कैसा महसूस कर रहा है, तभी मैं समझूंगा कि मेरी उपेक्षा नहीं हो रही है।''

इस तरह आप चाहते हैं कि दूसरे व्यक्ति बदल जाएं ताकि आप बेहतर महसूस कर सकें। वैसी स्थिति में आपकी भूमिका एक निष्क्रिय एवं पीड़ित व्यक्ति की बन जाती है तो चीजों को आपके पक्ष में सही करने के लिए दूसरों में बदलाव की प्रतीक्षा करता रहता है। आप जो भी हो रहा है उसकी जिम्मेदारी दूसरे पर डालकर परिस्थिति के परिणाम के बदलने की उम्मीद रखते हैं।

इसका अर्थ यह भी है कि आप अपने जीवन पर नियंत्रण नहीं रख पाते। आप अपने जीवन में परिवर्तन की राह देखते रहते हैं और उम्मीद रखते हैं कि

दूसरे व्यक्ति अगर चाहेंगे तो सब कुछ आपके अनुकूल हो सकेगा। अगर आप चीजों को यही करने के लिए दूसरे व्यक्ति में बदलाव की राह देख रहे हैं तो आपका इंतजार कभी खत्म नहीं होगा।

अपने और दूसरे व्यक्तियों के बीच सुनियोजित व्यवहार के नतीजे को अगर आप प्रभावित करना चाहते हैं तो आपको सक्रिय भूमिका निभानी होगी, अपनी अनुभूतियों और इच्छाओं की जवाबदेही स्वीकार करनी पड़ेगी और भिन्न परिणाम प्राप्त करने के लिए सोच-समझकर कदम उठाना पड़ेगा। ●

न कहने की कला सीखने के लिए करें व्यवहार में परिवर्तन

जब आप लंबे समय तक शराफत का बर्ताव करते रहते हैं तो बाद में लोग आपकी शिकायतों की तरफ गौर करना जरूरी नहीं समझते। वे आपकी बात नहीं सुनते, खास तौर पर ऐसी बात जो वे आपसे सुनना नहीं चाहते, वैसी बात की तरफ वे ध्यान नहीं देते है। उन्हें आपकी सहमति की आदत पड़ जाती है और वे आपसे इनकार सुनने की अपेक्षा नहीं रखते। इसका अर्थ है कि अगर आप अपना पक्ष रखने की कोशिश करेंगे, कोई मांग रखेंगे तो आपको नजरअंदाज किया जाएगा।

अगर आप न कहने की कला में पारंगत होना चाहते हैं तो आपको दूसरों का ध्यान आकर्षित करने की विधि सीखनी होगी। यहां ऐसे ही कुछ उपायों की चर्चा की गई है जिन पर सहजता के साथ अमल किया जा सकता है।

सहमति

सहमति एक महत्वपूर्ण उपाय है। इसका आसानी के साथ इस्तेमाल किया जा सकता है, इसका परिस्थिति पर तत्काल कारगर प्रभाव पड़ता है और इससे आप वार्तालाप की दिशा को मोड़ने के लिए नियंत्रण की भूमिका में आ सकते हैं। अगर कोई आप पर धावा बोल रहा हो तो आप इस तरीके को आजमाकर उसे पटरी से उतरने के लिए मजबूर कर सकते हैं।

तब आप क्या करेंगे जब कोई व्यक्ति आप पर हावी होने की कोशिश कर रहा हो और रूकने का नाम नहीं ले रहा हो। उस समय आप उसकी उत्तेजना को शांत करना चाहेंगे और उसे यह अहसास दिलाना चाहेंगे कि वह हदों को लांघ रहा है।

उससे सहमत होने की कोशिश करें। केवल उससे सहमत होने की कोशिश करें। अगर वह कहता है कि आप किसी काम के नहीं है तो उससे सहमत होते हुए कहें, तुम शायद सही कह रहे हो, मैं किसी काम का नहीं हूं।' अगर कोई कहे कि तुमने अपनी जिन्दगी बेकार ही गुजारी है तो कहिए, "तुम शायद सही हो। मैंने जिन्दगी बेकार ही गुजारी है।" अगर कोई कहता है कि तुम नहीं जानते तुम क्या कर रहे हो तो सहमत होते हुए कहिए "तुम सही कह रहे हो, मैं समझ नहीं पा रहा हूं कि मैं क्या कह रहा हूं।" यहां आपका उद्देश्य दूसरे व्यक्ति को आक्रमण करने से रोकना है और उसे निहत्था बना देना है।

सामान्य रक्षात्मक वार्तालाप इस तरह का होता है:

दूसरा व्यक्ति: तुम किसी काम के नहीं हो।

आप: नहीं, यह बात नहीं है।

दूसरा व्यक्ति: मैंने कहा न, तुम किसी काम के नहीं हो। तुम कोई काम ठीक से नहीं कर सकते। मैंने तुमसे एक छोटा सा काम करने के लिए कहा था और तुमने क्या बकवास कर दिखाया है।

आप : नहीं, यह बकवास नहीं है। मुझे यकीन है हम लोग उद्देश्य को पूरा कर लेंगे।

दूसरा व्यक्ति: हां, लेकिन इसके लिए मुझे खुद कोशिश करनी होगी।

जब सहमति जताई जाएगी तब वार्तालाप इस तरह का होगा:

दूसरा व्यक्ति: तुम किसी काम के नहीं हो।

आप: तुम सही कह रहे हो। मैं किसी काम का नहीं हूं।

दूसरा व्यक्ति: यही तो मैं कहना चाहता हूं, इस बकवास को देखो।

आप: सचमुच, यह क्या हाल हो गया है? मेरे ऊपर एक मिनट भी भरोसा नहीं करना चाहिए। इसे सुधारने के लिए तुम्हारे पास कोई उपाय होगा? शायद ही होगा।

दूसरा व्यक्ति: तुमने ऐसा क्यों किया?

आप: पता नहीं। लगता है गलती हो गई। तुम क्या सोचते हो?

- आक्रमण करने वाले पर सहमति का जादुई प्रभाव पड़ता है। जरूरत से ज्यादा भले लोगों के लिए सहमति एक बेहतर औजार है चूंकि इसका प्रयोग करते समय दूसरे व्यक्ति की निंदा नहीं करनी पड़ती।

जब आप सहमति जताते हैं तो दूसरा व्यक्ति बचाव की मुद्रा अपना लेता है। हर बार दूसरा व्यक्ति आपकी आलोचना करता है और हर बार आप सहमति जता देते हैं तो दूसरे व्यक्ति के लिए अगला कदम उठा पाना मुश्किल हो जाता है। हो सकता है वह आपसे कहे, "ठीक है, लेकिन तुम्हें सुधार करने की जरूरत है।" तब भी आपका जवाब सहमति में होना चाहिए, "तुम बिलकुल सही कह रहे हो, मुझे सुधार करने की जरूरत है।" इस तरह सहमति का प्रभाव कारगर साबित होता है।

समय लें

जो जरूरत से ज्यादा भले लोग होते हैं वे दूसरे व्यक्तियों की मांगों का तुरंत उत्तर देते हैं। कोई आपको फोन करेगा और किसी मसले को हल करने के लिए जवाब मांगेगा, कोई आपके दफ्तर की जरूरत है। कोई अपनी मर्जी आप पर थोप देगा और आपसे हां कहने के लिए कहेगा। कोई आपको किसी दावत या कार्यक्रम में शामिल होने का निमंत्रण देगा और तुरंत आपसे यह जवाब सुनने की अपेक्षा रखेगा, "मैं जरूर आऊंगा। मुझे आकर खुशी मिलेगी।"

इन सभी मामलों में दूसरे व्यक्ति आपसे वही जवाब चाहते हैं, जिसकी वे आपसे अपेक्षा रखते हैं। और आप अक्सर उन्हें वैसा जवाब दे भी देते हैं। भले ही आप 'न' कहना चाहते हैं, लेकिन अनुभूतियां आपके ऊपर इस कदर हावी हो जाती हैं कि एक झटके में आप 'हां' कह देते हैं। आप ऐसा जवाब देते हैं, जो आप सोचते हैं कि दूसरे सुनना चाहेंगे और अपनी परवाह नहीं करते। इस तरह आप दूसरे व्यक्ति के इशारे पर संचालित होने लगते हैं और अपनी मर्जी को ताक पर रख देते हैं। ऐसा लगता है कि दूसरे आपके जीवन को नियंत्रित करना शुरू कर देते हैं, भले ही दूसरे की मर्जी से काम करना आपके लिए अत्यंत असुविधाजनक क्यों न हो।

यहां कठिनाई यह होती है कि आप दूसरे की मर्जी के अनुसार काम करने लगते हैं और अपनी इच्छा की तरफ ध्यान नहीं दे पाते, इसीलिए आप खुद नहीं जानते कि आपको किसी दावत या कार्यक्रम में जाना अच्छा लगता है या किसी से न चाहते हुए भी विवाह करना पड़ता है। आपके व्यक्तित्व पर अनुभूतियां हावी हो जाती है और आप अपने बारे में सोचना भूल जाते हैं।

जब आप सोचने के लिए थोड़ा समय लेंगे तो अनुभूतियों के प्रवाह से

बचते हुए दिमाग की मदद से सही निर्णय ले पाने में सफल होंगे, परिस्थिति का सही आकलन करते हुए अगले कदम को निर्धारित कर पाएंगे। समय लेने के कई तरीके हैं और आप कई बहानों का इस्तेमाल समय लेने के लिए कर सकते हैं। कुछ उदाहरण इस प्रकार है:

- तुमने मुझे गलत समय में काम के लिए कहा है। मैं बाद में तुमसे संपर्क करूंगा।
- मुझे टॉयलेट जाना है। अभी लौटकर बात करता हूं।
- लगता है दरवाजे पर कोई है। मैं थोड़ी देर बाद तुम्हें फोन करता हूं।
- मैं इसके बारे में तभी ठीक से सोच सकता हूं जब एक प्याली कॉफी पी लूंगा। इसके बाद मैं तुम्हें फोन करके बताऊंगा।

आप किसी भी तरह के बहाने का इस्तेमाल कर सकते हैं। आप ऐसे बहाने का इस्तेमाल करें जिससे तत्काल आपको उत्तर नहीं देना पड़े। बहाने के जरिए आप परिस्थिति से अलग हो जाएंगे, फिर सही-गलत का निर्णय कर पाएंगे।

सोचने का समय लेकर आप गहराई के साथ विचार करें। खुद को परिस्थिति से इस तरह अलग करें कि आपके ऊपर दूसरे व्यक्ति का नियंत्रण न रह जाए। आप कुछ भी करें। कमरे में चहलकदमी करें, गहरी सांस लें। ऐसा कुछ भी करें जिससे दूसरे व्यक्ति के नियंत्रण से आपका ध्यान हट जाए।

यह सब आप इसलिए नहीं करेंगे कि आपको न कहना है। हो सकता है कि अभी तक आप जानते ही नहीं हों कि आपको न कहना है। आप यह भी नहीं जानते होंगे कि आपको हां कहना है। हो सकता है, दूसरे व्यक्ति की मांग उचित हो और आप हां कहना चाहें। लेकिन सटीक निर्णय लेने के लिए दिमाग का स्थिर होना जरूरी है। दूसरे की इच्छा के अनुसार सहमत होने की जगह अपने विवेक के आधार पर निर्णय लेना जरूरी है।

हो सकता है सोचने-समझने के बाद भी आप वही जवाब दें जो जवाब आप एक झटके में दे सकते थे। लेकिन फर्क यह है कि आपका जवाब सोचे-समझे बगैर दिया हुआ नहीं होगा और यह दूसरे की मर्जी के दबाव में लिया गया निर्णय नहीं होगा। आप इस तरह अपनी पसंद का चयन करते हैं; जैसा आप पहले कभी नहीं करते थे।

समय लेने से आप धीरे-धीरे विचार कर पाते हैं, धीरे-धीरे विचार करते हुए आप सभी पहलुओं की तरफ अच्छी तरह गौर कर पाते हैं। उसके बाद आप जो निर्णय लेते हैं वह एक झटके में लिया गया निर्णय नहीं होता। समय

लेने का अर्थ जीत की तरफ कदम बढ़ाना है। इसका अर्थ न कहने की योग्यता नहीं है।

रफ्तार धीमी करें

परिस्थिति से पूरी तरह अलग हुए बिना भी रफ्तार धीमी की जा सकती है। आप इस तरह के कथन का प्रयोग कर सकते हैं, ''क्या आप धीरे-धीरे समझा नहीं सकते? इतनी तेजी से मेरे लिए समझ पाना कठिन हो रहा है।'' ''अगर तुम अपनी बात फिर से कहो तो मैं अच्छी तरह से समझ सकता हूं।'' इस तरह के कथन का प्रयोग करने से वार्तालाप की रफ्तार धीमी की जा सकती है और आपको सोचने के लिए समय मिल सकता है?

अगर आप उन व्यक्तियों में से हैं जो अपने असमंजस का इजहार करना उचित नहीं समझता हो तो आप ऐसी बात के लिए भी हामी भर देंगे जो बात ठीक से आप समझ नहीं पाएंगे।

ज्यादातर लोग खामोशी को पसंद नहीं करते, खामोशी उन्हें असुविधाजनक महसूस होती है। अक्सर लोग वार्तालाप के दौरान असुवधिाजनक अनुभूति से बचने के लिए खामोशी को तोड़ने के लिए कुछ न कुछ कहते हैं।

यहां आप एक तरह का खेल खेल सकते हैं। यह एक किस्म का चुप रहने का खेल है- ज्यादातर लोगों ने जीवन में कभी न कभी इसे जरूर आजमाया होगा। यह खामोशी रहने की प्रतियोगिता है- मैं तुम्हारे बोलने तक चुप रहूंगा। चुप रहने से आपको परेशानी महसूस हो सकती है, लेकिन चूंकि ऐसा आप जानबूझकर कर रहे हैं, इसीलिए दूसरे व्यक्ति को आपकी चुप्पी से परेशानी हो सकती है।

अगर आप इस खेल का अभ्यास करेंगे तो निर्णय लेते वक्त इसका बेहतरीन तरीके से इस्तेमाल कर पाएंगे। खामोशी एक कारगर हथियार है जिसका प्रयोग दूसरे व्यक्ति के फंदे को काटने के लिए किया जा सकता है।

अगर परिस्थिति को देखते हुए पूरी तरह खामोशी रह पाना मुमकिन नहीं हो तो आप छोटे-छोटे अंतराल पैदा कर सकते हैं। वार्तालाप के दौरान संक्षिप्त जवाब देकर आप इस तरह का अंतराल पैदा कर सकते हैं। संक्षेप में स्पष्ट शब्दों में अपनी बात कहें और फिर चुप हो जाएं।

तेजी से 'न' कहें

न कहने की कला का एक अचूक तरीका है तेजी से न कहना। जैसे ही कोई मांग की जाती है- किसी भी तरह की मांग- जितना संभव हो उतनी तीव्रता के साथ 'न' कह दें। इसके बाद आप कारण बताने या माफी मांगनी या शराफत की सारी बातें कर सकते हैं, जो आप करना चाहते हैं, 'मुझे सचमुच खेद है, मेरे न कहने से आपको बुरा लगेगा, उम्मीद है मुझे माफ करेंगे,' इत्यादि। अगर आपको सीधे-सीधे न कहते हुए डर लगता है तो इसे वार्तालाप में अच्छी भाषा में घोलकर कह दें ताकि आपके 'न' कहने का प्रतिकूल प्रभाव न पड़े।

इस उदाहरण को देखिए-

– मैं चाहता हूं तुम रात में देर तक रूककर इस रिपोर्ट को तैयार कर दो।

– नहीं, आज रात मैं नहीं कर पाऊंगा। मुझे खेद है। मैं सचमुच तुम्हारी मदद करना चाहता हूं मगर आज की रात नामुमकिन है। मुझे सचमुच खेद है।

एक मिनट रूकिए

'एक मिनट रुकिए' संक्षिप्त और आसान वाक्य है जिसका प्रयोग हम समय लेने के लिए कर सकते हैं। जैसे ही आपको लगे कि आपके मुंह से न चाहते हुए भी 'हां' निकलने वाला है, तत्काल कहिए, 'एक मिनट रुकिए।'' या अगर आपको लगता है कि कोई बातचीत को आपकी मर्जी की विपरीत दिशा में मोड़ रहा है तो कहिए, 'एक मिनट रुकिए।'

कुछ उदाहरण इस प्रकार हैं:

- एक मिनट रुकिए, क्या मैं यही कहना चाहता था।''
- एक मिनट रुकिए, मैं निश्चित नहीं हूं कि इसके बारे में मैं क्या सोचता हूं।
- एक मिनट रुकिए, मैं कुछ और कहना चाहता हूं।
- एक मिनट रुकिए, हम लोग इसके बारे में क्या सोचते हैं, पहले यह जान लेना ठीक रहेगा।

इस तरह आप वार्तालाप के प्रवाह को रोकते हैं और खुद को नियंत्रित कर पाते हैं। तब आप अपने विचार को टटोल सकते हैं और इस तरह एक छोटी जीत हासिल कर लेते हैं।

विचार बदलना

यह 'एक मिनट रुकिए' के बाद का चरण है। दूसरे शब्दों में, किसी परिस्थिति के गुजर जाने के बाद पीछे हटना। जब आपको एक घंटा, दो दिन या तीन सप्ताह के बाद अपनी गलती का अहसास होता है तब आप क्या सोचते हैं? तब आप क्या करना चाहेंगे?

आप महसूस कर सकते हैं कि आपको दूसरे की मर्जी के हिसाब से चलना होगा,, आप ऐसा महसूस कर सकते हैं कि आपको विचार बदलने का कोई हक नहीं है। "मैं जुबान दे चुका हूं, अब मैं मना नहीं कर सकता।" आप सोचते हैं कि एक बार जुबान देने के बाद मुकरना नामुमकिन है। क्यों नहीं मुकर सकते?

एक परिस्थिति गुजर जाने के बाद आपको लगता है कि आप उसे बदलने के लिए कुछ नहीं कर सकते, जो कहा जा चुका है वह पत्थर की लकीर है। आप किसी बात के लिए 'हां' कह चुके हैं और अब आप अपने वायदे से मुकर नहीं सकते ऐसा उचित नहीं है।

दूसरे लोग अक्सर अपने विचार बदलते रहते हैं। ऐसे बदलाव के मुक्त योगी आप बनते रहते हैं। ऐसे अनगिनत लोग होंगे जिन्होंने आपसे फिर वादों को बाद में तोड़ दिया होगा और आपने खुद से कहा होगा कि मैं हमेशा अपनी जुबान का पक्का बना रहूंगा। अच्छी भावना है। मगर इस तरह की सोच से आप परेशानी में फंस सकते हैं।

आपको विचार बदलने का अधिकार है। पांच मिनट बाद बदलना हो या एक महीने बाद, आप अपने विचार को बदलते हुए कह सकते हैं, "मुझसे गलती हो गई। मुझे खेद है। आपको तकलीफ होगी, लेकिन मैं नहीं कर पाऊंगा।" ●